Nicola Schmidt
artgerecht durch den Familienalltag

EIN ARTGERECHT-BUCH

Nicola Schmidt

artgerecht

durch den Familienalltag

… weil das echte Leben auch echte
Lösungen braucht!

KÖSEL

MIX
Papier | Fördert gute Waldnutzung
FSC® C014496

Penguin Random House Verlagsgruppe FSC® N001967

2. Auflage 2024

Umschlag: Weiss Werkstatt München
Umschlagmotiv: BAZA Production/Shutterstock.com
Foto Nicola Schmidt: Diptica.com
Lektorat: Silke Foos, München
Satz: satz-bau Leingärtner, Nabburg
Druck und Bindung: GGP Media GmbH, Pößneck
Printed in Germany
ISBN 978-3-466-31190-3
www.koesel.de

Inhalt

Schreien, trösten, schlafen … in diesem Kapitel stellen Eltern viele typische Fragen für das erste Jahr. Nicola erklärt, warum es artgerecht ist, wenn ein Baby nachts oft aufwacht, viel Nähe einfordert und nur bei den Eltern sein will – und wie wir damit umgehen können.

Geht es meinem Kind gut in der Kita? Kann das auch zu viel werden? Wie kriegen wir einen entspannten Start in den Tag hin, wenn die Eltern pünktlich zur Arbeit müssen? Wir schauen auf unseren herausfordernden Familienalltag und darauf, welche Art von Betreuung dem Wohlbefinden von Kindern und Eltern guttut.

Vorwort

»Ich habe noch eine Frage …«

Was machen wir, wenn am Ende eines Buches noch so viele Fragen übrig sind? Viele von uns lesen Bücher über Bücher – und es sind gute Bücher. Und trotzdem gibt es Fragen im Alltag, die ein »normales« Buch nicht beantwortet.

Ich habe daher beschlossen, dass es Zeit wurde für ein Buch mit den Fragen aus dem echten Leben und Antworten, die uns helfen, artgerecht durch den Familienalltag zu kommen. So haben wir es gemacht:

In den vergangenen Jahren habe ich Hunderte von Vorträgen für Eltern gehalten und ich habe bei jeder dieser Gelegenheiten alle Fragen gesammelt, die Eltern mir dort gestellt haben. Daraus ist eine riesige Liste von Fragen, Situationen und Herausforderungen geworden, die lange in einem Ordner auf meinem Rechner geschlummert hat.

Für dieses besondere Buch haben meine Lektorin Silke Foos und ich die häufigsten und wichtigsten Fragen für Sie herausgesucht – mit den praktischen Antworten, die ich geben kann, aber auch mit den größeren Zusammenhängen, die ich sonst nur in meinen Vorträgen erwähne.

Dabei zeigte sich, dass in manchen Phasen mit Kindern – in der Babyzeit, wenn es um Schlafen, Essen und Fremdbetreuung geht, wenn Kleinkinder wichtige Entwicklungsaufgaben meistern und Schulkinder ganz neue, komplexe Themen mit nach Hause bringen – immer wieder ähnliche Fragen auftauchen.

Wir haben die Fragen daher nach Alter sortiert und dann nach Themen zusammengefasst. Dieses Buch will keine entwicklungspsychologische Sammlung sein, die alles abdeckt, es sind einfach die Themen, die Eltern in ihrem Leben offenbar jeden Tag ganz praktisch bewegen – jenseits von allen Thesen, Theorien und Konzepten.

Jede Frage in diesem Buch haben wir so authentisch gelassen, wie sie mir gestellt worden ist.

Bei den Antworten war es mir wichtig, nicht nur rein praktische Hilfe zu geben (die gibt es natürlich wie immer in gewohnter artgerecht-Manier, kompakt und alltagstauglich), sondern auch mal den Blick zu heben und zu schauen:

Was ist die Frage hinter der Frage?
Was heißt das für unsere Gesellschaft? Und was können wir jetzt tun?

Nehmen wir ein Beispiel: Wenn wir morgens unser Zweijähriges nicht ohne Stress in die Kita kriegen – ist dann etwas mit dem Kind kaputt? Oder können wir uns als Gesellschaft fragen, wie es kommt, dass Eltern schon so früh am Morgen Stress haben? Inwiefern glauben wir an ein abstraktes Konzept wie Zeit? Und warum legen wir es so aus, dass schon Zweijährige »sich beeilen« müssen? Das Buch gibt praktische Hilfe, soll aber auch eine Einladung sein, um die Ecke zu denken und zu hinterfragen, was wir als selbstverständlich oder unveränderbar ansehen.

Damit wir möglichst vielen Themen gerecht werden, haben wir dort, wo ich in den Vorträgen ganz besonders viele Wortmeldungen höre, am Ende des Kapitels noch einmal eine Reihe zusätzlicher Fragen möglichst kompakt beantwortet. Es hat uns nicht sehr verwundert, dass sich diese Fragenfülle vor allem auf die Baby- und Kleinkindzeit bezieht. Da, wo noch alles neu ist, wo die Kinder sich rasant entwickeln und so abhängig von uns sind, aber auch da, wo Familien mit Trennungssituationen zurechtkommen müssen, sind häufig auch Erschöpfung und Ratlosigkeit groß – und dem wollten wir besonders Rechnung tragen.

Ich hoffe, dass dieses Buch möglichst vielen Eltern hilft, ihren Alltag besser zu meistern, artgerechter zu leben und entspannter durch herausfordernde Zeiten zu kommen. Dazu noch eine Bitte in eigener Sache: Wenn Ihnen dieses Buch gefällt, erzählen Sie es drei anderen Eltern weiter, folgen Sie uns auf Instagram, Youtube oder Facebook, werden Sie ein Teil unseres Dorfes und helfen Sie uns, das Wissen in die Welt zu tragen.

Und wenn noch Fragen offen sind – schreiben Sie mir! Ich freue mich wie immer über neue Fragen, Feedback und Anregungen unter

nicola@artgerecht-projekt.de

Ihre Nicola

Was ist artgerecht?

Mit dieser Frage habe ich vor vielen Jahren das Projekt »artgerecht« gegründet. Seitdem überprüfen und hinterfragen wir konsequent: Was ist eigentlich artgerecht für kleine Menschenkinder – und ihre Eltern? Wir leben oft ein Leben als Familie, für das wir nicht gemacht sind: zu viel Stress, zu viel Druck, zu viel Arbeit, zu wenig Muße. Ich glaube fest daran, dass das Beste, das wir für eine gute Zukunft tun können, die Erziehung starker Kinder ist. Eltern machen damit den wichtigsten Job der Welt – und wir müssen herausfinden, wie wir diesen Job richtig gut machen können.

Dafür recherchiere ich seit 2008 für Eltern wissenschaftlich fundierte Informationen, die sich im Alltag mit Kindern umsetzen lassen. Das Ziel ist, was man im Englischen »Infant mental health« nennt – also die seelische Gesunderhaltung der Kleinsten – und eine Minderung gesellschaftlicher Kosten in den Bereichen Gesundheit und Ökologie. Es geht dabei also um nicht weniger als um eine bessere Zukunft für unsere Kinder. Aber das können Eltern in der Kleinfamilie nicht allein leisten, daher spielt das »Dorf« bei artgerecht eine große Rolle. Ganz im Sinne des Sprichworts »Es braucht ein ganzes Dorf, um ein Kind zu erziehen« besteht es aus erweiterter Familie, Freunden und Freundinnen und Betreuungspersonen, kurz: allen Menschen, die sich mit uns um unsere Kinder kümmern.

Oft werde ich gefragt, ob »artgerecht« dasselbe ist wie »bedürfnisorientierte Erziehung« – also eine Erziehung, für die vor allem anderen zählt, die Grundbedürfnisse nach Nähe, Sicherheit,

Nahrung, Wärme und Zuwendung der Kinder zu erfüllen –, oder ob »artgerecht« eine Pädagogik oder Erziehungsideologie sei. Beides ist nicht der Fall. Es ist eher ein Konzept, das fragt: »Wie kann sich ein kleiner Homo sapiens mental und körperlich gesund entwickeln?« – bedürfnisorientierte Aspekte sind dabei auch von großer Relevanz, aber »artgerecht« geht in manchen Bereichen darüber hinaus. Denn wir betrachten nicht nur die Bedürfnisse des Kindes, sondern seine stammesgeschichtlichen und biologischen Wurzeln – und in der Regel auch die der *gesamten* Familie.

Damit unterscheidet sich mein Blick deutlich von der Medizin, die sich naturgemäß vor allem auf die körperliche Gesundheit konzentriert. Und er unterscheidet sich deutlich von der Pädagogik (sei es nach Rudolf Steiner/Waldorf, Maria Montessori, Emmi Pikler, Friedrich Fröbel oder anderen), die häufig ein bestimmtes Endbild und Erziehungsziel anstrebt.

Der Forscher LeVine hat beobachtet, dass es zwei Arten gibt, wie Kulturen Kleinkinder betrachten:

Die einen verfolgen ein pädagogisches Modell, bei dem Kinder nach einem bestimmten Prinzip oder Bild erzogen werden sollen. Die anderen folgen einem pädiatrischen Modell, in dem das wichtigste Ziel der Schutz der Gesundheit und das Überleben des Kindes ist. LeVine mutmaßt, dass das pädiatrische Modell vielleicht besonders in Kulturen gilt, in denen die Säuglingssterblichkeit immer noch hoch ist.

Mein Blick auf Kinder ist definitiv eher pädiatrisch als pädagogisch. Mich interessiert nicht so sehr, ob die Kinder mit Plastikspielzeug, Holzklötzchen oder Naturmaterial spielen. Mich interessiert nur, dass sie überhaupt Zeit zum Spielen haben und dabei von einer vertrauten Bezugsperson liebevoll begleitet werden. Und gleichzeitig glaube ich daran, dass wir gesunde Kinder brauchen, um eine gesunde Zukunft für uns und den Planeten zu gewährleisten.

Die Elternfrage
Erziehungsstile vs. Bauchgefühl

Was hältst du von den verschiedenen Erziehungsstilen wie Laissez-faire, bindungsorientiert, bedürfnisorientiert ...? Also ich bin ja für Bauchgefühl. Verfolgst du einen Ansatz?

Nicolas Soforthilfe

Schauen wir erst mal, worüber wir sprechen:

Es gibt Bezeichnungen für verschiedene Erziehungsstile, die beschreiben, wie sich Eltern gegenüber ihrem Kind verhalten. Wir denken nicht darüber nach, sondern machen einfach das, was wir selbst gelernt haben. Während ein pädagogisches Konzept oder eine Philosophie festlegen, welche Ziele sie verfolgen, an welche Normen und welches Menschenbild sie glauben, ist ein Erziehungsstil einfach das, was wir Eltern gegenüber unseren Kindern zeigen.

Die drei bekanntesten Erziehungsstile sind der oben genannte Laissez-faire-Stil, der autoritative (der in der Regel ein Teil von »bindungs- und bedürfnisorientiert« ist) und der autoritäre Stil.

»Laissez faire« kommt aus dem Französischen und heißt »machen lassen« – man lässt die Kinder also einfach machen und überlässt sie weitgehend sich selbst. Die Eltern kontrollieren die Kinder nicht, interessieren sich aber auch nicht weiter für sie, sondern gehen davon aus, dass sie das Nötige schon »selbst lernen«. Für Kinder ist dies der schädlichste Stil, da die Eltern sehr distanziert sind, er Störungen im Bindungsverhalten nach sich ziehen kann und die Kinder ihren Selbstwert, ihr Selbstkonzept und ihre sozialen und intellektuellen Fähigkeiten nicht gut entwickeln können. Oft haben diese Kinder später Probleme, ihre Impulse und Aggressionen zu kontrollieren.

Der autoritäre Erziehungsstil liegt am anderen Ende des Spektrums: Die Eltern üben ein hohes Maß an Kontrolle über das Kind aus, es wird deutlich und häufig reglementiert, zurechtgewiesen und Regeln werden strikt durchgezogen. Es wird wenig bis gar nicht über Konflikte gesprochen, getröstet und gekuschelt. Stattdessen gilt das Wort der Erwachsenen und für unerwünschtes Verhalten werden die Kinder bestraft. Auch diese Kinder neigen später zu Aggressionen, haben Probleme in sozialen Situationen sowie ein geringes Selbstwertgefühl und suchen später oft Halt bei einer autoritären Führungspersönlichkeit oder einer Ideologie, der sie folgen können.

Der autoritative Erziehungsstil setzt auf eine Kombination aus Wärme, Fürsorge und klaren, aber verhandelbaren Regeln. Die Kinder werden weder sich selbst überlassen noch gibt es eine absolute Autorität der Erwachsenen, sondern in der Familie spricht man über Konflikte, handelt Regeln aus, hält sich dann aber auch daran. Studien zeigen, dass sich Kinder mit diesem Erziehungsstil am besten entwickeln.

Die Frage hinter der Frage

Warum so viel Getue um Theorien und Konzepte? Können wir nicht einfach, wie in der Frage formuliert, »aus dem Bauch heraus« erziehen?

Schauen wir wieder genau hin: »Aus dem Bauch« heißt oft »mit Intuition«. Was ist Intuition? Intuition speist sich aus dem sogenannten Bauchgefühl und dahinter steckt unser Bauchgehirn. Dieses wiederum arbeitet mit Wiederholung und Erfahrung. »Aus dem Bauch« heraus heißt also vor allem, dass wir das wiederholen, was wir erfahren haben. Wenn unsere eigene Kindheit eine gute Erfahrung war und wir uns sagen: »So will ich es mit meinen Kindern auch machen! Das war super!«, dann können wir das ruhig tun. Wenn unsere Kindheitserlebnisse uns selbst aber vielleicht nicht oder nicht immer gutgetan haben, lohnt es sich, einmal bewusst, also »mit dem Kopf« draufzuschauen. Denn nur so können wir entscheiden, was wir wiederholen und was wir anders machen möchten.

Was also tun?

»Aus dem Bauch heraus« ist per se völlig okay, aber es ist immer eine gute Sache, wenn der Kopf auch noch mal mitüberlegt. Sonst wiederholen wir unreflektiert, was wir selbst erfahren haben. Dazu hilft es auch, mal zu schauen: Wo habe ich in meinem Leben Schwierigkeiten? Wo bleibe ich vielleicht unter meinen Möglichkeiten? Welche negativen Selbstgespräche führe ich? Könnte das an meiner Erziehung liegen und wie könnte ich es bei meinen Kindern anders machen?

Wir können außerdem davon ausgehen, dass die Zeiten sich ändern und unsere Kinder neuen Herausforderungen gegenüberstehen, die unsere Eltern gar nicht kannten. Daher lohnt es sich immer, über Alternativen zu unserem intuitiven Erziehungsstil nachzudenken, bevor wir dem Bauch folgen.

Die Elternfrage
Kommentare aus dem Umfeld

Was tun wir, wenn Familienmitglieder veraltete Ansichten haben und uns deshalb Unverständnis für unsere bedürfnisorientierte Einstellung zum Kind entgegenschlägt? Oft benötigen wir in so einem Moment gar keine Ratschläge, weil wir ganz gut zurechtkommen – so wie es für uns eben passt.

Nicolas Soforthilfe

Weiteratmen.

Das ist das Erste, was wir machen müssen. Denn wenn wir jetzt nicht weiteratmen, geraten wir unter Stress. Unter Stress können wir nicht mehr empathisch sein und dann gibt es Streit und Frust.

Das »Dorf« mit den veralteten Ansichten will ja nur helfen. Echt. Meistens jedenfalls.

Denken wir also an den alten Grundsatz: »Wer fragt, der führt.« Stellen wir Fragen wie:

»Welche Sorgen hast du?«

»Was daran findest du falsch?«

»Wie hast du das als Kind erlebt?«

»Woher kommt diese Info?«

Und dann denken wir immer daran, dass es nicht darum geht, »die Wahrheit« oder »das Richtige« herauszufinden. Es geht auch niemals darum, jemanden zu überzeugen. Die meisten Menschen interessieren sich nicht für Fakten. Die meisten Menschen interessieren sich für das Gefühl, das sie haben, und lassen sich davon leiten. Und wenn ich als Angehörige oder Freundin einer erschöpften Mutter, die stark auf die Bedürfnisse ihres Kindes achtet (also bindungsorientiert erzieht), durch ihr Verhalten oder ihre Äußerungen das Gefühl vermittelt bekomme, ich hätte ja wohl mit meinen eigenen Kindern alles falsch gemacht, dann gerate ich unter Druck – und spätestens jetzt ist sowieso kein rationales Gespräch mehr möglich.

Daher ist es wichtig, Empathie zu signalisieren, die Tür zu öffnen und die Perspektive des anderen ernst zu nehmen, anzuschauen und ihr Raum zu geben. Das heißt nicht, dass wir sie übernehmen müssen (das ist oft unsere Angst).

Wir können uns bedanken für die Perspektive: »Danke, dass

du mir deine Sorgen und deine Geschichte erzählt hast.« Wir können sogar Offenheit signalisieren: »Ich kann mir vorstellen, dass das für euch damals gut funktioniert hat, dass es für deine Kinder gut funktioniert hat, dass es in eurer Situation gut funktioniert hat.«

Und auch: »Ich nehme das mal mit. Ich denke darüber nach.«

Wir können trotzdem, freundlich und beharrlich, das tun, was wir für richtig halten: »Mir ist wichtig, dass wir das so und so machen.« »Ich habe darüber nachgedacht, für uns passt das nicht.« »Ja, ich habe deine Geschichte gehört. Ich möchte es gerne anders probieren.«

Wichtig: ohne Begründung, denn eine Begründung in diesem Gespräch fühlt sich schnell an wie ein Angriff.

Und natürlich werden manche Leute trotzdem sagen: »Du wirst schon sehen, was du davon hast!« Und dann können wir lächeln und die Perspektive öffnen: »Ja, das wird spannend, oder? Lass uns doch in fünf Jahren noch mal drüber sprechen, dann sind wir schon weiter.«

Die Frage hinter der Frage

Sind wir in Gefahr, wenn uns jemand kritisiert?

Die Antwort lautet: Nein, sind wir nicht. Wir können uns entspannen. Wir können zuhören, ohne in einen Kampf zu gehen. Ja, wir können den oder die Kritiker sogar in unser Herz schließen, ihre eigenen Wunden wahrnehmen, die 1000 Gründe sehen, die sie zu ihrer Einschätzung gebracht haben. Und wir dürfen uns ruhig und freundlich abgrenzen. Dass jeder seine Meinung sagen darf, heißt nicht, dass wir sie uns auch von jedem anhören müssen.

Die nächste drängende Frage ist oft: Müssen wir unseren zeit- und energieintensiven artgerechten Weg verteidigen und immer glückliche und wohlerzogene Kinder damit produzieren? Nein. Wir müssen gar nichts. Wir geben unser Bestes, das ist genug.

Wir sollten unterstützt werden, so wie wir es brauchen, und nicht so, wie es für andere gut ist. Das haben wir verdient. Das sind wir wert. Und zwar egal, ob die Kinder perfekt geraten oder nicht, es ist ja unser Weg. Ich habe in solchen Momenten immer gesagt: »Vielleicht ist es falsch, aber *ich* muss ja mit diesen Kindern alt werden, könnten wir es also bitte so machen, wie ich es möchte?«

Was also tun?

Im Gespräch bleiben. Weiteratmen. Mit Nachsicht reagieren. Und sich, wenn es nicht anders geht, zusätzlich Wahlverwandte suchen. In 20 Jahren sind wir alle klüger.

Die Elternfrage
Du willst das doch so!

Wenn ich müde und erschöpft bin, werde ich oft belehrt: »Du hast es dir doch so ausgesucht mit dem bindungsorientierten Weg! Du könntest es dir auch einfacher machen, aber du willst ja nicht!« Wie gehe ich damit um?
Ich habe zwar ein Dorf, aber das Dorf hat teilweise veraltete Ansichten. Dann gelte ich als »undankbar«, weil ich das Kind nicht abgeben will, mich aber beklage, dass es anstrengend ist …

Nicolas Soforthilfe

Tadaaa – liebe Welt, wir Eltern dürfen:

- dankbar sein für dieses Kind – und echt eine Pause brauchen,
- wirklich daran interessiert sein, die Bedürfnisse dieses Kindes zu erfüllen – und erschöpft davon, was es bedeutet, das rund um die Uhr tun zu müssen,
- überzeugt und sicher sein auf unserem Weg, artgerecht, bedürfnisorientiert, bindungsorientiert zu erziehen – und trotzdem hilfsbedürftig, weil es für eine Person eigentlich zu viel ist,
- stolz sein, dass ich als primäre Bezugsperson der Mensch bin, dem mein Kind all seine Gefühle zeigen kann – und erschöpft davon, sie immer und immer wieder zu begleiten,
- froh sein, dass die Kinder auch mal groß werden – und sentimental, dass sie nicht mehr klein sind,
- unbeugsam sein, was Kompromisse für das Wohlbefinden meines Kindes angeht – und verzweifelt auf der Suche nach Ressourcen für mein eigenes Wohlbefinden.

Die Frage hinter der Frage

Kann etwas richtig sein, wenn es uns erschöpft und manchmal überfordert?

Ja, kann es. Es ist richtig, aber es überfordert uns, weil wir es alleine machen. Stellen wir uns einfach ein anderes Szenario vor: Es ist sicher richtig, ein großes Passagierflugzeug Stück für Stück, ganz minutiös und mit vielen Tests und Inspektionen zusammenzubauen. Aber wenn das ein Mensch alleine machen müsste, wäre es trotzdem zu viel!

Was also tun?

Werfen wir einen Blick hinter diese Kommentare: Was wollen sie uns sagen?

Steht dahinter vielleicht: »Ich habe mir diese Arbeit nicht gemacht … ich will nicht, dass du das so handhabst, du machst mir ein schlechtes Gewissen«?

Steht dahinter der Schmerz meines Gegenübers, bei dem sich als Kind niemand die Mühe gemacht hat, es so zu begleiten? Steht dahinter die Frage: »Wer ist es wert?«, statt: »Was tut es Gutes?«?

Steht dahinter die echte Sorge um mein Wohlbefinden – aber warum stärkst du mich dann nicht bedingungslos, sondern schwächst mich mit deinen Kommentaren? Merkst du es vielleicht gar nicht? Wie könnte ich es kommunizieren?

Wir sehen: Wenn wir dahinterblicken, finden wir oft Ratlosigkeit, Hilflosigkeit und immer auch eine Wunde. Wir müssen uns dem nicht widmen – wir ziehen nämlich gerade ein Kind groß und haben keinen therapeutischen Auftrag –, aber dies zu sehen kann helfen, um sich nicht schwächen zu lassen.

Die Elternfrage
Spielen trotz Erschöpfung?

Meine Tochter ist ein Einzelkind, 3,5 Jahre. Ich bin alleinerziehend und schaffe es kaum, irgendetwas im Haushalt zu machen – ich habe kein Dorf zu Hause. Ich verstehe, dass sie mit mir spielen möchte, aber ich kriege das oft nicht hin. Wie soll ich dabei zum Beispiel kochen?

Nicolas Soforthilfe

Spielt Kochen. Spielt Putzen. Spielt Wäschemachen.

Mein Ernst.

Ich war lange alleinerziehend mit zwei Kindern und ich weiß, wie sich das anfühlt. Nach meiner Erfahrung liegt die Lösung in einer Studie, die kürzlich zeigte, dass Kinder im Haushalt später mehr helfen, wenn sie schon von klein an mitmachen dürfen. In vielen Kulturen gibt es für Kinder alle Haushaltsgegenstände in Miniaturform, damit sie »auch machen« können: kleine Besen, kleine Reiben, wir hatten sogar einen Mini-Schneeschieber im Haus. Natürlich ist hinterher nicht gekehrt oder gekocht und die Kinder haben kaum Schnee weggeschippt, aber darum geht es nicht.

Kehren und kochen mache ich, während die Kinder mir »helfen«. Und dabei geht es nicht darum, dass sie wirklich sinnvoll helfen. Im Gegenteil, mit Kindern Pancakes zu machen kann zu weniger Pancakes und mehr Dreck führen als alles andere. Aber dann spielen wir halt hinterher putzen. Es geht darum, die Kinder in die täglichen Verrichtungen einzubeziehen, gemeinsam Zeit zu verbringen und zu lernen, was im Haushalt so anfällt.

Und dabei spielt auch unser »Marketing« eine Rolle: Wenn ich anfange mit: »Verdammt, es muss schon wieder gesaugt werden, bringen wir es hinter uns«, dann hat kein Kind Lust, mitzumachen. Aber wenn ich sage: »Schau mal, eine Spülmaschine ist wie ein großes Puzzle, die Löffel da, die Teller da und schau, wie gut die Tassen hier reinpassen!« Dann macht es plötzlich Spaß.

Die Frage hinter der Frage

Müssen wir mit Kindern spielen?

Kurz gesagt: Es ist nicht die Aufgabe der Eltern, mit Kindern viel zu spielen. Dafür gibt es Nachbarskinder, Cousins und Großeltern. Natürlich spielen wir auch mal, aber lange nicht so ausdauernd, wie es ein anderes Kind tun würde. Aufgabe von uns Eltern ist es, die Kinder zu ernähren, zu beschützen und zu trösten. Aber da wir viel mit unseren Kindern alleine sind – ohne das sprichwörtliche Dorf –, müssen wir eben auch die »Zwischenzeit« mit ihnen verbringen. Und da ist es gut, wenn wir mit den Kindern das spielen, was getan werden muss. Eine schöne Gelegenheit, das innere Kind in uns wieder zu entdecken und zu pflegen.

Was also tun?

Ändern wir die Etiketten: Wir entscheiden, was Spiel, was Arbeit, was gut, was doof ist. Wir können jeden Tag ein neues Spiel zum Thema »Haushalt« erfinden oder uns im Internet von anderen dazu inspirieren lassen.

Die Elternfrage
Es läuft nicht wie geplant

Ich muss mir oft anhören, dass jedes Kind getragen werden will, aber meines nicht – vier Tragehilfen, Trageberatung, Osteopathie, nichts hilft. Mein Kind mag es nicht, auch nicht nach einer Weile. Und ich wäre so gerne eine Tragemama gewesen!

Nicolas Soforthilfe

Das ist schade, aber das passiert.

Es kann viele Gründe geben, aber ich denke, das Wichtigste ist: Schau, wie es euch jetzt damit geht. Wenn es euch ohne Tragen gut geht, dann reparieren wir nichts, was nicht kaputt ist. Es gibt noch die Möglichkeit, dass anderes Handling dem Kind hilft. Es ist auch tatsächlich so, dass viele Babys lange beim Einbinden oder am Anfang des Tragens meckern und weinen (um dann selig einzuschlafen). Aber wenn es nicht geht, dann geht es nicht. Und das ist okay.

Die Frage hinter der Frage

Bin ich nur dann eine gute Mutter oder ein guter Vater, wenn ich »das Programm richtig durchziehe«, es »richtig« mache?

Nein. Ihr seid gute Eltern, wenn ihr den Weg findet, der für euch passt. Und vielleicht hättet ihr gerne gestillt oder getragen, vielleicht hättet ihr gerne das Kind früher oder später betreuen lassen, vielleicht hättet ihr gerne Windelfrei gemacht (oder gewickelt) und das Kind wollte es nicht – ihr seid trotzdem die besten Eltern für dieses Kind. Wir vergeben keine Goldmedaillen und keine Punkte auf der artgerecht-Supereltern-Skala. Jede Familie findet ihren Weg.

Und wenn ihr gerne etwas gemacht hättet, aber nicht konntet, dann erlaubt euch zu trauern, auch wütend zu sein, und dann loszulassen und weiterzugehen. Denn so ist das Leben.

Was also tun?

Akzeptieren, dass wir nicht alles im Leben kontrollieren können. Manche Dinge haben wir einfach nicht in der Hand. Wir leben in einer Welt des Machbarkeitswahns und Wettbewerbs und beides dürfen wir hinter uns lassen, wenn wir Kinder bekommen. Wir machen es so, wie es für uns gut ist. Manchmal müssen wir das nehmen, was das Leben uns anbietet. Wenn wir unseren Frieden damit machen können, sehen wir wieder die vielen anderen Blumen, die noch am Wegesrand stehen.

Mein artgerecht-Blick auf die Geburt

Bei »artgerecht« gehe ich davon aus, dass eine Geburt ein natürlicher Prozess ist, für den sowohl Gebärende als auch Baby geschaffen sind. Dies ist keine Wahrheit, sondern in erster Linie meine Sichtweise – denn wir alle haben einen ganz unterschiedlichen Blick auf Geburt.

Die aktuelle Forschung geht davon aus, dass wir alle eine unterbewusste Idee davon haben, wie eine »Geburt« abläuft. Es hat viel damit zu tun, wie wir selbst geboren wurden, was wir für Geschichten darüber gehört haben, und möglicherweise auch, welche Bilder uns die Medien vermittelt haben.

Manche Menschen gehen davon aus, dass eine Geburt ein natürlicher Vorgang ist, der von der Gebärenden bewältigt werden kann (natürliches Mindset). Das andere Extrem ist die Ansicht, dass eine Geburt eine medizinische Prozedur sei, die ärztlicher Interventionen bedarf, um sicher zu verlaufen (medizinisches Mindset).

Ich bin mir bewusst, dass die Geburt beim Homo sapiens eine der schwierigsten im gesamten Säugetierreich ist. Die Ursache liegt nach der aktuellen Forschung in unserem engen Becken, das den aufrechten Gang ermöglicht, und den großen Köpfen unserer Neugeborenen, die in Relation zu ihrem Körper bereits ein sehr großes Gehirn haben. Dennoch wird dieser Prozess weltweit von Gebärenden bewältigt.

Gleichzeitig gehe ich davon aus, dass beim Menschen wie bei vielen anderen sozialen Säugetieren die Geburt vor allem des ersten Kindes ein Prozess ist, der die Unterstützung von Artgenossen braucht – also geburtshilfliches Personal wie Hebammen und Doulas. Und bei dem auch etwas schiefgehen kann, daher ist die moderne Medizin ein Segen. Insofern sind Alleingeburten vor allem des ersten Kindes aus meiner Sicht übrigens nicht artgerecht, da sie für eine unerfahrene Homo-sapiens-Gebärende ein enormes Risiko darstellen können.

Was eine Gebärende für eine natürliche Geburt braucht, ist gut erforscht: Sie braucht eine Eins-zu-eins-Betreuung durch einen Menschen, dem sie vertraut, am besten noch eine weitere enge Bezugsperson und eine Umgebung, in der sie sich wohlfühlt und ihrem eigenen Tempo nachgehen kann. Und da hören die Gemeinsamkeiten auch schon auf: Wo eine Gebärende sich sicher fühlt, kann ganz unterschiedlich sein. Daher gibt es keinen »artgerechten« Geburtsstandard, sondern nur die Frage, wie es für diese Gebärende in dieser Schwangerschaft richtig ist. Was wir jedoch wissen ist, dass Familien am Ende zufriedener mit interventionsarmen Geburten sind, auch die mit medizinischem Mindset.

Die Elternfrage
Wird das wieder gut?

Weil die Geburt schwierig war und es nicht so geklappt hat, wie wir wollten, macht mir das Angst, dass jetzt alles »dahin« ist. Sag mal: Kann man das wieder gutmachen?

Nicolas Soforthilfe

Die kurze Antwort auf diese Frage lautet: Ja.

Ja, wir können das wieder »reparieren«, natürlich. Bindung ist ein Prozess, kein Einzelereignis. Sie kann immer und immer wieder erneuert, repariert, verloren und gefunden werden.

Für Babys zählen die ersten drei Monate sehr stark, es bildet sich in den nächsten sechs bis neun Monaten die erste, feste, primäre Bindung an die Person, die das Kind am meisten umsorgt. Aber damit ist der Prozess noch lange nicht abgeschlossen. Denn ein Kind kann zum Beispiel mit drei Jahren weniger gut an seine Bezugsperson gebunden sein, weil die vielleicht unerwartet ins Krankenhaus musste, und dann mit dreieinhalb Jahren wieder gut, weil viel Kontakt, gemeinsame Zeit und Heilung möglich war.

Insofern: Ja, man kann das wieder gutmachen. Wie? Mit gelungenen Interaktionen, und das kann beispielsweise heißen:

- Reagieren Sie prompt auf Ihr Kind. Für Babys gilt: möglichst innerhalb von einer Sekunde, für Kleinkinder gilt: innerhalb von 20 bis 40 Sekunden.
- Seien Sie emotional verfügbar, also wenden Sie sich dem Kind zu, hören sie ihm zu, tragen Sie es oder nehmen Sie es auf den Schoß, sodass es viel Körperkontakt hat.
- Und dann: kuscheln, trösten, lachen, spielen, für mindestens eine halbe Stunde am Tag, alleine und exklusiv mit diesem einem Kind – mit voller Aufmerksamkeit und ohne Smartphone.

Die Frage hinter der Frage

Können wir es in der Erziehung »versauen« und gibt es Punkte, an denen wir so viel falsch gemacht haben, dass es kein Zurück mehr gibt?

Die Antwort: nicht wirklich. Wir können eine Menge Fehler

machen in der Begleitung unserer Kinder. Und die Verletzungen können kleiner oder größer sein. Dementsprechend müssen wir Zeit und Liebe in die Heilung investieren.

Was also tun?

Es gibt immer einen Weg zur Heilung – sogar wenn unsere Kinder schon erwachsen sind (dasselbe gilt natürlich auch für uns selbst). Sogar wenn Eltern alt sind, kann es für Kinder heilsam sein, wenn diese über Verletzungen sprechen und sie akzeptieren, die Bedürfnisse der Kinder sehen, ihre Kinder in den Arm nehmen. Denn Bindung hört nie auf und kann sich immer, immer, immer erneuern, wenn wir es zulassen und möglich machen können.

Die Eltern-Frage
Kaiserschnitt

Ich habe schon manches über die Vorteile einer natürlichen Geburt gehört – aber man weiß ja nie, wie es am Ende wirklich ablaufen wird. Kann nur eine interventionsfreie Geburt artgerecht sein oder auch ein Kaiserschnitt?

Nicolas Soforthilfe

Jede Geburt, die für die Gebärende richtig ist, wird ihrer Art gerecht. Es geht nicht darum, etwas zu erreichen oder zu schaffen, es geht nur darum zu schauen, was der Homo sapiens braucht, wofür wir gebaut sind und wie wir uns mit diesem Wissen das Leben mit Kindern erleichtern können. Ob wir das dann im Krankenhaus oder zu Hause, mit Homöopathie oder PDA umsetzen, spielt am Ende keine Rolle. Wenn wir nach der mentalen Gesundheit der Familie fragen, kann auch ein Kaiserschnitt für uns absolut richtig sein. Wir müssen uns nur auch der Konsequenzen für die Gesundheit von Mutter und Kind bewusst sein und entsprechend später in bestimmte Dinge (zum Beispiel Bonding, Stillen, Darmgesundheit) mehr Energie investieren.

Und auch bei einem Kaiserschnitt gibt es große Unterschiede: War es ein Notkaiserschnitt oder war er absehbar und gut vorbereitet? War er so selbstbestimmt wie möglich? Wie ging es Kind und Gebärender dabei? Am Ende zählt vor allem das.

Die Frage hinter der Frage

Sind manche Dinge artgerechter als andere?

Es gibt keinen artgerecht-Goldstandard. Ich bin stolz darauf, dass das artgerecht-Projekt einer der besten Inhalts- und Wissensdienstleister für Eltern im deutschsprachigen Raum ist. Mein Ziel war es immer, jeder Familie mit unseren Angeboten etwas zu geben, das ihr Leben positiv verändern kann. Wir sind kein exklusiver Kreis, sondern ich will genau das Gegenteil. Nämlich allen Eltern das Gefühl geben: Ein Teil des Kreises bist du.

Dazu gehört auch: Wir akzeptieren im Projekt keine Trolle, keine Mommy Wars, keine Vergleiche, keine Gehässigkeiten, keine rassistischen, sexistischen oder anderen diskriminierenden Verhaltensweisen – weder in unseren Foren noch in unseren Kursen, Camps oder Treffen. Das artgerecht-Projekt ist ein Ort des Friedens und der Wertschätzung. Dafür stehe ich ein.

Wir wollen niemanden missionieren oder überzeugen, sondern Eltern helfen, ihren eigenen Weg zu finden und im Frieden mit sich zu sein. Das ist unsere Aufgabe.

Was also tun?

Wir vergleichen nicht. Wir nehmen das, was das Leben uns anbietet, und machen das Beste daraus!

Mein artgerecht-Blick auf Säuglinge

In meinen Büchern werden Babys nicht »gestillt« – sie »stillen«. Nach intensiver, jahrelanger Recherche kann ich sagen, dass die Forschung und ich uns einig sind, dass Babys aktive Wesen sind, die bewusst Bindung aufbauen und alle Kompetenzen mitbringen, die sie in dieser Phase brauchen. Babys sind nicht nur kleine Meister darin, mit Mama zusammen ihre Geburt zu bewältigen, sie sind auch vom ersten Tag an kleine Netzwerker und Bindungsspezialisten.

Menschliche Säuglinge können:

- direkt nach der Geburt die Mutterbrust finden,
- direkt nach der Geburt korrekt andocken,
- die Muttersprache ihrer Eltern erkennen,
- die Stimmen ihrer Eltern erkennen,
- anzeigen, wenn sie Hunger haben oder müde sind,
- anzeigen, wenn sie sich entleeren müssen,
- enge Bande an ihre Bezugspersonen knüpfen,
- Menschen anhand von Geruch und Stimme unterscheiden
- und vieles mehr.

Außerdem gehe ich mit der aktuellen Forschung davon aus, dass Säuglinge ihre Eltern niemals manipulieren, tyrannisieren oder ärgern wollen.

Dies ist die Lebensphase, in der unsere Kinder einen Teil der Schwangerschaft nachholen, den sie eigentlich noch im Bauch verbringen sollten (die Schätzungen liegen zwischen drei und neun Monaten). Es ist also kein Wunder, dass unsere Babys diese Phase nur bewältigen können, wenn wir ihre Bedürfnisse so erfüllen, wie es der Mutterbauch getan hätte: prompt, also innerhalb von wenigen Sekunden, angemessen und feinfühlig. Denn die Krone der Schöpfung leistet sich den aufrechten Gang und dadurch bedingt eine physiologische Frühgeburt, die die längste Reifezeit im gesamten Säugetierbereich hat. Um es mit Sarah Bluffer Hardy zu sagen: Wir haben das aufwendigste Primatenbaby der Evolution. Selbst ein acht Monate altes Baby ist noch nicht so weit wie ein neugeborener Schimpanse, erst mit etwa einem Jahr haben wir einen Reifegrad erreicht, den andere Säugetiere kurz nach der Geburt haben. Erwachsen sind wir erst mit 21 Jahren – dann erst ist unser komplexes Gehirn weitgehend ausgereift.

Babys können uns also gar nicht manipulieren, da ihr unausgereiftes Gehirn zu so komplexen Operationen noch gar nicht fähig ist. Es handelt sich bei dieser Annahme stattdessen um Missverständnisse, die von einem falschen Bild von Säuglingen herrühren.

Manche Denker und Forschende der vergangenen Jahrhunderte haben die Auffassung vertreten, ein Säugling sei zuerst und alleine an der Befriedigung seiner Bedürfnisse interessiert und daher von Geburt an ein Egoist (eine These, die nie bewiesen wurde). Doch schon ein kleiner Blick auf die Verhaltensforschung zeigt uns, dass dies nicht wahr sein kann: Schon sehr junge Babys wenden sich einem anderen Baby zu, wenn es weint. Säuglinge von depressiven Müttern versuchen alles, um in Kontakt zu kommen, und geben erst auf, wenn sehr lange keine Reaktion kommt. Gerade bei Säuglingen, die sich aufgrund von überforderten Eltern nicht gut entwickeln können, sehen wir, wie schnell sie alternative Strategien entwickeln, kompensieren und schließlich in eine Art Überlebensmodus gehen, wenn sie diese Phase des Klein- und Schwachseins nicht wie vorgesehen durchlaufen können.

Wenn wir uns dafür entscheiden, dass der Mensch an sich – und damit auch unsere Babys – gut und vor allem an Bindung interessiert ist, was dem Stand der Forschung entspricht, sehen wir ihr Verhalten mit ganz neuen Augen. Und sie geben uns viel zurück, wenn wir bereit sind, uns auf sie einzulassen.

Die Elternfrage
Schreiphasen überstehen

Meine Tochter hat mit zwei bis drei Wochen »Koliken« bekommen und einen Monat lang jeden Abend wie am Spieß geschrien … nichts hat geholfen (tragen, Massage, die Brust anbieten etc.) und wir konnten sie kaum beruhigen. Unser Kinderarzt hat uns von Osteopathie abgeraten und vermittelt, dass es nur eine Phase ist. Aber es war richtig hart und mir graut es jetzt schon vor der Geburt unseres zweiten Kindes. Was würde helfen, um das Baby zu beruhigen? Wie steht man als Eltern diese Phase durch?

Nicolas Soforthilfe

Kurz drei Infos vorab:

1. Die viel beschworenen Dreimonatskoliken gibt es gar nicht, das Schreien hat andere Gründe.
2. Forschende gehen davon aus, dass es zwischen der zehnten

und 14. Woche eine Phase der Gehirnentwicklung gibt, die die Kinder schreien lässt. Es kann aber auch eine Überreizung vom Tag sein sowie die Verarbeitung einer für das Baby anstrengenden Geburt.

3. Es spricht nichts gegen Osteopathie, vor allem wenn sie das Bewegungssystem betrifft (parietale Osteopathie). Dieser Behandlungsansatz ist zwar der Alternativmedizin zugeordnet, aber wenn es zum Beispiel Spannungen durch eine Kaiserschnittgeburt im Kind gibt, kann der Osteopath durchaus die richtige Anlaufstelle sein. Und gerade bei den vermeintlichen »Dreimonatskoliken« gibt es Hinweise, dass Osteopathie hilft.

Was würde helfen, das Baby zu beruhigen?

1. Körperkontakt
2. Tragen und Bewegen
3. Tief und ruhig atmen
4. Ruhige, rhythmische Tage mit viiiiielen Pausen

Wie steht man als Eltern diese Phase durch?

1. Wissen, dass wir das Weinen nicht »abstellen«, sondern nur »begleiten« müssen.
2. Lernen, mit unserer eigenen Hilflosigkeit (und ggf. unserem eigenen gestressten inneren Kind) umzugehen.
3. Ganz praktisch: Treppensteigen mit Baby im Tragetuch, denn das bringt uns in den tiefen Atem, lenkt den Fokus vom Kind weg (was wichtig sein kann) und baut die entstehenden Stresshormone ab.
4. Wissen, dass Babys oft »vom Tag erzählen«, weil es einfach zu viel Input für sie war.
5. Wissen, dass es beim zweiten Kind oft viel einfacher wird.

Die Frage hinter der Frage

Warum sind wir Eltern mit dieser Situation Generation für Generation alleine?

Das ist die eigentliche Frage für mich: Wie könnten wir als Gesellschaft dafür sorgen, dass Eltern gerade abends und morgens, also zu besonders anstrengenden Zeiten, die Hilfe bekommen, die sie benötigen? Wie können wir sicherstellen, dass das Hilfesystem bindungsorientiert und fachlich top ausgebildet ist? Denn Fakt ist: Kinderärzte wissen viel über kranke Kinder, aber sie lernen in ihrer Ausbildung bisher nur wenig über den Umgang mit ganz normalen, gesunden Kindern.

Was also tun?

Wir müssen es nicht schaffen – schon gar nicht alleine. Wir holen uns Hilfe, wir lassen los und wissen, dass wir das Schreien nicht »abstellen« können oder müssen. Wir holen uns überall Hilfe, wo es uns weiterbringt. Selbst wenn die Hilfe, die wir uns holen, nur durch Placebo-Effekte verursacht sein sollte, hilft es uns Kindern und Eltern mehr als »Stehen Sie das durch«.

Die Elternfrage
Selbst schuld?

Mein Sohn will sich nicht auf dem Rücken tragen lassen. Er ist zehn Monate alt und man sagt mir jetzt, ich sei selbst schuld daran, weil ich ihn ja immer vorne getragen hätte – hab ich das falsch gemacht?

Nicolas Soforthilfe

Die wichtigste Frage ist: Willst und kannst du dein Kind noch vorne tragen?

Denn nur darauf kommt es an. Wenn du es nicht mehr willst oder nicht mehr kannst, musst du etwas ändern. Aber du hast ein Kind, das nicht nach hinten will, nicht verzogen, nicht verwöhnt, nicht daran gewöhnt.

Ob ein Kind sich hinten tragen lässt, hängt sehr stark vom Charakter des Kindes ab. Manche Kinder lassen sich kommentarlos nach hinten setzen, andere meckern fünf Minuten und sind dann zufrieden, wieder andere brauchen ein paar Mal, lassen sich dann aber problemlos einbinden. Andere Kinder flippen aus – sie weinen, sie wehren sich, sie wollen nach vorne an Mamas Brust, sie beruhigen sich nicht und sie geben auch beim zehnten Versuch, sie auf den Rücken zu binden, nicht auf. Das sind oft Kinder, die auch lange und viel stillen, sich schlecht abgeben lassen, Mutterattrappen wie Schnuller oder Ähnliches ablehnen, die Flasche nicht nehmen, sehr wach sind, sich leicht erregen und schwer beruhigen.

Es kommt also nicht vor allem auf die Gewohnheit an, sondern auf den Charakter und das Bedürfnis des Kindes.

Die Frage hinter der Frage

Sind wir Mütter selbst schuld, dass unsere Kinder uns Arbeit machen?

Wenn das Leben mit Kindern schwierig ist, hören Mütter oft: »Du bist ja selbst schuld, du hast ja …« (Väter berichten das deutlich seltener, um nicht zu sagen gar nicht).

Dahinter steht ein gesellschaftlicher Schuldreflex: Beschwere dich nicht, Mutter, wir wollen nicht hören, dass es schwierig ist, denn sonst müssten wir unsere Lebensweise überdenken, in der wir Familien weitgehend alleinelassen. Also höre: Wenn es schwierig ist, dann musst du selbst dran schuld sein.

Fakt ist: Wir leben nicht artgerecht, und selbst dann wäre es zu jeder Zeit und an jedem Ort anstrengend, ein Kind großzuziehen. Wir dürfen es also schwierig finden und unsere Kinder dürfen herausfordernd sein, ohne dass man uns ein schlechtes Gewissen macht.

Was also tun?

Seien wir selbstbewusst: Kinder sind, wie sie sind – manche so, manche so. Und ob und wann wir vorne oder hinten tragen, entscheiden wir ganz alleine mit unserem Kind.

Die Eltern-Frage
Zu viel Nein?

Ich bin Mama von Zwillingen, die sind jetzt zehn Monate alt. Das Wort »Nein« kommt in meinem Wortschatz natürlich sehr häufig vor ... weil sie krabbeln und alles anfassen, besonders gern Steckdosen. Mir fällt es wahnsinnig schwer, dieses Nein wegzulassen. Was kann ich machen, um es aus meinem Erziehungswortschatz zu streichen?

Nicolas Soforthilfe

Der einfachste Weg ist, »Nein« durch »Stopp« zu ersetzen. Mit zehn Monate alten Kindern ist es aber vielversprechender, eine sogenannte »Ja-Umgebung« zu bauen. Man kann Probleme immer auf drei Ebenen lösen: mit Regularien, personell oder organisatorisch.

Mit Regularien hieße hier: »Du darfst keine Steckdosen anfassen und ich sage dir das auch ständig« – das ist aber anstrengend. Personell hieße, ich stelle jemanden ab, der oder die ständig darauf aufpasst, dass die Babys nicht an die Steckdosen gehen – in der Regel unrealistisch. Organisatorisch heißt, dass ich schlicht die Steckdosen absichere, sodass nichts passieren kann – es gibt ja kindersichere Varianten.

Die Ja-Umgebung arbeitet mit dem organisatorischen Ansatz: Wir bauen die Umgebung der Babys so klug um, dass wir nicht ständig eingreifen müssen. Was heißt das in der Praxis?

- Babys, die sich drehen können, brauchen genügend Platz dafür und die Sicherheit, nicht irgendwelche Stufen oder gar Treppen hinunterzurollen, wenn wir gerade eine Sekunde lang nicht schauen.
- Babys, die krabbeln, brauchen ebenfalls Platz und wir brauchen die Sicherheit, dass in ihrer Reichweite keine gefährlichen Gegenstände lagern.
- Babys, die sich hochziehen können, brauchen Möglichkeiten, um sich festzuhalten und in einen sicheren Stand zu kommen.

Wir schauen also zunächst: Was machen die Kinder, das uns stört oder gefährlich erscheint? Und wo könnten sie das tun, sodass wir dabei entspannt bleiben können? *Was muss ich dafür wegräumen?* Dazu kann es klug sein, dass wir uns mal auf Babyhöhe begeben und uns umsehen: Was in diesem Raum sieht spannend aus, wonach kann ich greifen, was ist in dieser Höhe gefährlich? Hier die wichtigsten Tipps:

- Steckdosen sichern
- Möbel kippsicher montieren

- Stufen, Treppen, Fenster, Balkon sichern
- Tischdecken, die bemalt und herabgezogen werden können, entfernen
- Kleinteile wegräumen: alles, was ein Kind verschlucken könnte (wie In-Ear-Kopfhörer an einer Ladestation am Boden!)
- Kabel, die die Kinder herunterziehen könnten, sichern, etwa mit Kabelbindern, Kabelschächten oder -netzen
- Schubladen sichern, damit sie a) nicht ausgeräumt werden und b) sich die Kleinen nicht die Finger klemmen
- Eine Wand bekleben, die man dann bemalen kann
- (Giftige) Pflanzen fürs Erste so hoch stellen, dass die Babys a) die Töpfe nicht ausräumen und b) Pflanzenteile nicht in den Mund nehmen können
- Putzmittel und Medikamente sicher einschließen
- Scharfe oder gefährliche Gegenstände hoch- oder wegräumen

Stattdessen bieten wir den Kindern etwas an, womit sie spielen dürfen: Kisten oder einzelne Küchenschränke mit ungefährlichen Dingen, die sie ein- und ausräumen können – Tupperware etwa eignet sich hervorragend. Weiche Decken auf dem Boden dienen als Lärmschutz, dazu besorgen wir uns: unbedenkliches Filzspielzeug, das sie in den Mund nehmen können, Holzrasseln mit Glöckchen, die man gefahrlos anlutschen kann, Beißringe für die Zähnchen, aber vor allem auch Alltagsgegenstände. Babys interessieren sich naturgemäß für das, womit wir Großen hantieren, das können also sein: ein Nudelsieb, Kochlöffel, Schneebesen mit einem Tischtennisball in der Mitte (der ergibt eine super Rassel) oder Teigschaber, Löffel, Deckel von Schraubgläsern, Wolle, mit Reis, Sand oder Küchenhandtüchern gefüllte Socken (sicher verschlossen!); aber auch PET-Flaschen, die wir mit unterschiedlichen Dingen bestückt haben, können spannend sein. Schüsseln und Körbe, in die man Dinge einräumen kann, ergeben ebenfalls wunderbares Spielzeug.

Die Frage hinter der Frage

Muss der ganze Aufwand sein, nur wegen des Babys?

Eltern fragen mich oft: Ja, sorry, ich kann doch nicht mein ganzes Leben umräumen, nur weil jetzt die Babys da sind. Nun ja, klar können wir. Wir müssen nicht. Aber wenn wir es uns so einfach und angenehm wie möglich machen wollen, dann ist eine kleine Umräumaktion der geringste Aufwand. Und wir haben alle was davon: Die Kinder können die Welt besser entdecken und wir haben weniger Stress.

Was also tun?

Überlegen wir, was wir für uns tun wollen, und setzen wir es um – egal was eventuell andere davon denken. Es ist unser Alltag. Es sind unsere Kinder. Sie sind nur jetzt klein.

Die Elternfrage
Schlaflos im Kinderwagen

Unser Kleiner mit fast fünf Monaten jammert ganz dolle, wenn er müde im Kinderwagen ist. Er schläft dann auch nur sehr selten im Kinderwagen ein. Meistens müssen wir ihn herausnehmen und dann schlummert er irgendwann auf dem Arm ein. Gibt es hier einen guten Tipp?

Nicolas Soforthilfe

Ja, es gibt einen guten Tipp, und wie viele kompetente und kluge Eltern machen Sie es genau richtig: Sie nehmen ihn auf den Arm oder in die Trage. Eltern mit solchen Babys sollten einfach immer eine Trage im Kinderwagen haben, damit sie das müde Kind an ihrem Körper beruhigen und in den Schlaf begleiten können. Wenn das Baby dafür zu schwer ist oder wird, dann hilft eine Trageberatung, die uns beibringt, das Kind auf dem Rücken zu tragen.

Wenn Babys müde sind, brauchen viele von ihnen Körperkontakt und jemanden, der ihnen hilft, in den Schlaf zu finden. Unser Körper, unsere Atmung, unser Herzschlag zeigen dem Baby, wie es sein System in den Ruhemodus bringt, und helfen dem für das Einschlafen zuständigen Vagus-Nerv, zu reifen und schlafen zu lernen.

Das Nervensystem unserer Kinder hat sich seit der deutlich gefährlicheren Steinzeit kaum verändert. Der Arm eines Erwachsenen erscheint darum für sie als der sicherste Ort, um in den verletzlichen Zustand des Schlafes zu gehen. Auch deshalb wollen viele nicht »irgendwo« einschlafen – sie wissen ja nicht, dass sie in einem »sicheren« Kinderwagen liegen.

Die Frage hinter der Frage

Sollen wir uns immer auf moderne Errungenschaften für unser Familienleben verlassen?

Seit wann gibt es den Kinderwagen? Seit dem Beginn des 19. Jahrhunderts verwendet man in England Wägen, um mit Kindern Spaziergänge zu machen. Vorher wurden sie getragen, in Schubkarren gesetzt oder auf längeren Strecken von Lasttieren transportiert. Die 2,1 Millionen Jahre aufrechten Ganges vorher (gerechnet von dem Auftauchen des Homo erectus) haben wir unsere Kinder wahrscheinlich getragen. Das ist eine 2 mit sechs Nullen dran!

Kinder sind also weder dafür gemacht noch daran gewöhnt, lange vom Körper eines Erwachsenen getrennt zu sein.

Was also tun?

Wir dürfen das tun, was uns unser Herz sagt: ein weinendes Baby auf den Arm nehmen und dort selig schlafen lassen. Die Zeitspanne, in der unsere Kinder so sehr auf uns angewiesen sind, ist verglichen mit ihrer und unserer Lebenszeit sehr kurz. Es lohnt sich, hier ganz für sie da zu sein und ihnen das zu geben, was sie für ihre optimale Entwicklung brauchen.

Die Elternfrage
Nur mit Körperkontakt

Meine Tochter, sechs Monate alt, schläft wirklich absolut und ausschließlich auf mir, sie braucht 100% Körperkontakt. Sobald ich aufstehen will, wird sie wach. Was kann ich tun, um wenigstens mal eine halbe Stunde am Abend für mich zu haben, ohne dass die arme Maus einen Nervenzusammenbruch bekommt?

Nicolas Soforthilfe

Grundsätzlich gilt: Herzlichen Glückwunsch! Sie haben ein wunderbares, kluges, lebenstüchtiges Steinzeitbaby zur Welt gebracht. Was Ihr Baby tut, ist ein uraltes Sicherheitsverhalten und genau das, was es in den vergangenen Jahrtausenden am Leben erhalten hätte: Es sorgt dafür, dass es niemals alleine ist. Gerade nachts sind kleine Homo-sapiens-Babys vielen Gefahren ausgesetzt: Sie könnten zu kalt werden, sie könnten einen Atemaussetzer haben, den sie nicht selbst beenden können, sie könnten hungrig werden oder gar von einem Raubtier auf leisen Pfoten still und heimlich gestohlen werden. Daher tut Ihr Kleines tatsächlich instinktiv das, was seine Sicherheit am besten gewährleistet: Es bekommt einen lautstarken Nervenzusammenbruch, wenn seine primäre Bindungsperson, also die Person, die sich am meisten um das Baby kümmert und es am Leben hält, nicht in Körperkontakt mit ihm ist.

Wir haben in unserer Welt oft das Bedürfnis, abends, nach einem langen Tag, eine Pause zu machen. Aber genau dann brauchen uns unsere Kinder – jeden Alters – am meisten, weil sie selbst müde, erschöpft und verletzlich sind. Das Problem: Hier prallen zwei müde Systeme aufeinander und es wird schwierig. Die schlechte Nachricht: Wir können die Kinder nicht ändern. Ihr Biorhythmus sagt eben: Abends werde ich verletzlich, müde und erschöpft und ich brauche dich.

Die gute Nachricht: Was wir ändern können, ist unser eigener Rhythmus. Wir können tagsüber, wenn die Kinder fit und ausgeglichen sind, dafür sorgen, dass wir eine Pause bekommen. Tagsüber lässt sich ein kleines Baby oft viel besser mal ablegen oder einer anderen Person in den Arm geben als abends. Jetzt müssen wir eine Pause machen (nicht die Spülmaschine ausräumen, keine sozialen Medien checken, nicht die Post durcharbeiten, sondern: Pause, hinlegen, atmen, nichts tun.). Und wann machen wir Haushalt, Büro und Soziales? Später. Die Phase geht vorbei, nicht innerhalb von Wochen, aber innerhalb von Monaten. Und je mehr die Babys sich in den ersten 12 Monaten geborgen fühlen, umso eher können sie in den folgenden Jahren loslassen.

Die Frage hinter der Frage

Bleibt das jetzt so? Habe ich nie wieder Zeit für mich, solange das Kind klein ist?

Wir hören immer: »Ein Baby stellt dein ganzes Leben auf den Kopf« – und können uns nicht vorstellen, was das bedeutet. Es bedeutet genau das: Zeit bekommt eine andere Bedeutung. Prioritäten verschieben sich. Das Kind ist *jetzt* klein, es braucht uns *jetzt*, und zwar nicht ein paar Stunden lang, sondern 24/7 für Monate und Jahre. Manche Dinge müssen ab jetzt sechs, 12 oder 24 Monate warten. Und wir stellen irgendwann fest, dass das gar nicht schlimm ist. Denn wir legen jetzt den Grundstein für das gesamte Leben unseres Kindes. Je weniger wir uns dagegenstellen, desto leichter wird es.

Was also tun?

Ja, ein Baby stellt unser Leben auf den Kopf, aber eigentlich rückt es die Dinge wieder gerade: Wir sehen, was wirklich wichtig ist, wo wir wirklich Hilfe brauchen, und wir bekommen ein viel realistischeres Gefühl für Zeit, als wir es vorher hatten. Und wir lernen, dass es ein Märchen ist, dass mit Baby »ganz bald alles wieder so wie vorher ist« – und so öffnet sich uns eine völlig neue Welt.

Die Elternfrage
Schreien lassen?

Wie viel Schaden haben wir bei unserem Sohn, jetzt ein Jahr alt, angerichtet, wenn wir ihn haben schreien lassen, damit er schlafen lernt? Wie gehen wir jetzt damit um?

Nicolas Soforthilfe

Wir wissen nicht, was bei Babys langfristig bleibt, wenn sie sich alleine in den Schlaf schreien müssen. Es gibt schlicht keine Studien dazu. Wir wissen aber, was physiologisch bei unserem Baby passiert, wenn es sich in den Schlaf schreit, und können von dort vielleicht einige Rückschlüsse ziehen.

Wenn das Baby weint und niemand reagiert, es also keinen Körperkontakt bekommt, um seinen Stress zu ko-regulieren, beginnt das kleine Herz, schneller zu schlagen. Bei leichtem Weinen erhöht sich die Frequenz von durchschnittlich 122 auf 170 Schläge pro Minute (bpm), bei mittlerem Schreien auf 185 bpm, bei starkem Weinen auf 200 bpm. Bei langem Schreien geraten Säuglinge in einen Zustand, den Mediziner »Tachykardie« nennen, das bedeutet: »Herzrasen«.

Auf hormoneller Ebene steigt der Cortisolspiegel im Speichel des weinenden Säuglings an, je heftiger das Baby weint, desto mehr. Stresshormone in großen Mengen und über lange Zeiträume sind aber nur für Gefahrensituationen gedacht, für absolute Ausnahmezustände, in denen es ums reine Überleben geht. Deshalb drosseln diese Hormone im Körper alles, was viel Energie verbraucht, unter anderem das Verdauungssystem, das Immunsystem und das Bindungssystem. Diese Hormone pumpen maximal viel Zucker in den Blutkreislauf, damit die Muskeln des Babys alles tun, was nur irgendwie das Überleben sichern könnte: weinen, schreien, strampeln, um nur ja wahrgenommen, beschützt und versorgt zu werden. Denn allein zurückgelassen zu werden war zu der Zeit, als die Evolution unser Nervensystem prägte, für ein Baby absolut tödlich.

Die Cortisolpegel der Babys steigen beim Schreienlassen nicht nur an, sie bleiben auch danach noch weiterhin hoch. In einem fünftägigen Schlaftraining mit vier bis zehn Monate alten Säuglingen fanden Forschende heraus, dass die Kinder nicht nur beim abendlichen Schreien extrem hohe Cortisolwerte hatten, sondern noch Tage danach. Am dritten Tag des Schreitrainings hatten – gemäß der behavioristischen Theorie zu erwarten und erwünscht – die Kinder aufgehört, beim Schlafengehen gestresstes Verhalten zu zeigen. Sie hatten gelernt, dass es keine Wirkung haben wird. Aber das hieß offenbar nicht, dass sie keinen Stress mehr hatten und nun »zufrieden« einschliefen, weil sie »sich selbst beruhigen« konnten, wie es in Baby-Ratgebern versprochen wird. Der Speicheltest ergab: Die Babys waren überhaupt nicht ruhig. Ihre Cortisolpegel zum Schlafengehen waren deutlich erhöht. Sie zeigten es nur nicht mehr, weil sie in der Tat etwas *gelernt* hatten: nämlich, dass keine Co-Regulation stattfinden würde.

Die negativen Effekte eines erhöhten Cortisolspiegels in ihrem Körper fanden aber dennoch statt. Eine Co-Regulation durch die Eltern erfolgte jedoch nicht mehr, da die Mütter den Stress ihrer Kinder nicht mehr wahrnehmen konnten.

Das ist das, was wir wissen. Das passiert.

Was machen wir damit? Wir ko-regulieren unser Kind und begleiten es ab jetzt in den Schlaf. Wir wissen ja nicht, ob es beim Einschlafen noch einen erhöhten Stresspegel hat oder nicht, da es den Stress möglicherweise nicht mehr signalisiert.

Die Frage hinter der Frage

Dürfen Eltern Fehler machen oder ihre Meinung ändern?

Die Antwort lautet: Ja, natürlich. »Das Leben wird vorwärts gelebt und rückwärts verstanden«, sagt der dänische Philosoph Søren Kierkegaard. Wir alle tun Dinge, die wir später anders machen würden. Und es ist nie zu spät, etwas zu verändern. Wir werden noch oft an diesen Punkt kommen.

Was also tun?

Geben wir unserem Kind die Sicherheit, dass wir ab jetzt da sind, dass wir, wann immer es in Not ist, prompt und zuverlässig reagieren. Und zwar nicht nur beim Einschlafen, sondern immer, wenn es weint. Das heißt nicht, dass wir nicht noch schnell das Auto abschließen können, aber dass wir signalisieren: Ich sehe, dass du mich brauchst, und ich bin auf dem Weg zu dir.

Die Elternfrage
Nachtspielzeit

Meine Tochter, 15 Monate alt, wird oft mitten in der Nacht wieder wach, oft so um 2:00 oder 3:00 Uhr. Sie ist dann richtig lustig und will aus dem Bettchen raus und spielen. Manchmal dauert es zwei Stunden, bis ich sie wieder zum Schlafen kriege – was kann ich da machen?

Nicolas Soforthilfe

Erste Info: Das ist relativ normal. Viele Kleinkinder haben eine Phase, während der sie nachts fit sind und mal bei uns anklopfen, ob das nicht auch eine Spielzeit sein könnte. Daher fragt euch: Was will ich nachts um 2:00 Uhr? Und dann handelt danach.

Ja, ich hatte schon Eltern in der Beratung, die nachts um 2:00 Uhr mit ihren Kindern spielen wollten. Zum Beispiel einen Vater im Schichtdienst, der mir sagte: »Sonst sehe ich mein Kind an manchen Tagen gar nicht, mir ist es total recht, dass wir da unsere Zeit haben.«

Und diese Eltern dürfen natürlich mit ihren Kindern spielen. Sie sollten sie nicht unnötig wachhalten und darauf achten, dass das Kind nicht zu sehr aufgedreht und in seinem Schlaf-Wach-Rhythmus nicht übererregt wird. Aber am Ende sollen Eltern immer das tun, was für sie passt. Wer bin ich, ihnen reinzureden?

Die meisten Eltern wollen aber nachts nicht spielen. Sie wollen schlafen. Und diese Eltern dürfen ihrem Kind mitteilen: »Ich will schlafen. Ich verstehe, dass du wach bist, ich bin bei dir, aber ich bin müde.« Und dann gehen sie mit dem Kind – damit andere im Familienbett nicht geweckt werden – an einen sicheren Ort.

Wenn ich weiß, dass mein Kind in einer solchen Phase ist, dann sorge ich dafür, dass es einen Raum gibt (das kann auch eine Ecke im Schlafzimmer sein), an dem es mit leisem Spielzeug wie Kuscheltieren, Puzzles, Filzspielzeug spielen kann, ohne in Gefahr zu geraten, wenn ich dabei einschlafe. Ich lege mir eine Matratze dazu – oder eine Isomatte – und döse oder schlafe neben dem Kind. Wenn es mich zum Spielen auffordert, fange ich kein Gespräch an, sondern tue, was ein müdes Tier tun würde: blinzeln, seufzen, weiterdösen. Ich biete dem Kind, wenn es zu mir kommt, immer wieder Streicheln und Kuscheln an, aber ich lese nicht vor, ich stehe nicht auf, ich mache kein Licht an. Ich bin da. Aber ich bin nicht aktiv.

Irgendwann wird das Kind müde und wir schlafen auf unserer Matratze ein oder robben noch mal zum Bett und schlafen dort.

Die Frage hinter der Frage

Heißt Bedürfnisorientierung, dass ich immer, immer die Bedürfnisse des Kindes erfüllen muss? Dürfen wir unsere Bedürfnisse über die des Kindes stellen?

Wenn ein Kind nachts vitale Bedürfnisse hat – schlecht geträumt, Hunger, Durst, nasse Windel, gar Fieber oder Zahnen, dann sind wir immer da.

Aber wenn ein Kind nachts eine Frage stellt wie »Können wir spielen?«, dann dürfen wir ruhig mit einem freundlichen »Morgen früh wieder« antworten. Das Kind kann lernen, dass wir Ruhezeiten haben, in denen es kein Kinderprogramm gibt. Und sein Bio-Rhythmus lernt dann auch, dass hier keine Aktivität vonnöten ist, dass hier keine Action zu erwarten ist und es daher ein guter Moment ist, um eine Ruhepause einzulegen.

Was also tun?

Üben wir uns in Achtsamkeit und schauen wir in uns hinein: Wollen wir das? Und hören wir gut auf die Antwort und vermitteln sie ruhig und freundlich, aber beharrlich unserem Kind.

Die Elternfrage
Schneller einschlafen

Mein Kleiner liegt abends ewig wach im Bettchen. Solange man nicht aus dem Zimmer geht, schreit er zwar nicht, aber er liegt mit offenen Augen da. Irgendwann quengelt er, man merkt richtig, dass er versucht zu schlafen, aber er kriegt es einfach nicht hin. Wie könnte man denn die Einschlafzeit beschleunigen?

Nicolas Soforthilfe

Wann schlafen Kinder?

Kinder schlafen:

- … wenn sie müde sind,
- … wenn sie satt sind,
- … wenn sie sich geborgen fühlen,
- … wenn sie es geschafft haben, das sich wild vernetzende Gehirn zur Ruhe zu bringen und in ihrem Körper Entspannung zu finden.

Das heißt für uns:

- Das Kind sollte sich tagsüber viel bewegt haben. Wir alle wissen, dass viele Kinder etwa nach einem Schwimmkurs oft schnell und fest schlafen.
- Das Kind sollte keine Bildschirme gesehen haben – je länger das Kind zum Einschlafen braucht, desto früher sollten wir mit Bildschirmen aufhören und sie im Idealfall ganz weglassen.
- Das Kind sollte an der frischen Luft und, um genau zu sein: unter blauem Himmelslicht gewesen sein, also viel Tageslicht gesehen haben, damit seine innere Uhr weiß, dass Tag war und jetzt Nacht ist.

- Das Kind sollte satt sein – nicht mit einem Honigbrötchen, denn dann tanzt der Blutzuckerspiegel Samba, sondern vielleicht eher mit Haferflocken oder Rührei, das gut sättigt und lange vorhält.
- Das Kind sollte sich sicher und geborgen fühlen.
- Die Person, die das Kind ins Bett bringt, sollte in der Lage sein, ihren eigenen Stresspegel so effektiv zu regulieren, dass sie sich selbst fast bis zum Einschlafen (oder sogar darüber hinaus) entspannt – in Kopf und Körper. Dabei kann eine kleine Visualisierung helfen, bei der ich vielleicht in einer gemütlichen Hängematte liege oder in einem großen Bett, auf einer Wolke oder wo auch immer ich mich total entspannen kann.
- Eltern können kindgerechte Massagen lernen (beispielsweise aus *artgerecht – Das andere Kleinkinderbuch*), mit denen wir das kleine Forscherkind vom Kopf auf den Körper »umschalten« können.
- Eltern sollten wissen, dass 30 bis 90 Minuten Einschlafbegleitung bei Kleinkindern weltweit eine normale Zeit ist.

Die Frage hinter der Frage

Warum müssen Kinder überhaupt »schneller« schlafen?

Meistens, weil die Eltern von ihrem langen, mit tausend Aktivitäten, Stress und Aufgaben erfüllten Tag erschöpft sind und Ruhe oder Me-Time brauchen. Wir sind eigentlich dafür gemacht, vier Stunden am Tag für unseren Lebensunterhalt zu arbeiten und den Rest der Zeit mit sozialen Aktivitäten zu verbringen, bei denen wir in der Kinderbetreuung viel unterstützt werden und genug Zeit für unsere eigenen Bedürfnisse bleibt. Dies ist aber für die wenigsten von uns gegeben. Vielleicht sehnen wir uns deshalb oft nach dem Moment, an dem wir »loslassen« können und das Kind endlich schläft.

Was also tun?

Wir können darauf achten, dass die Kinder sich artgerechterweise viel bewegen, viel draußen sind, gesund essen und wenig Bildschirmkontakt haben. Wir können und sollten darauf achten, dass wir selbst nicht um 19:00 Uhr völlig fertig sind, sondern uns bewusst werden, dass wir eventuell bis 21:00 Uhr oder länger noch Kraft brauchen. Wir können lernen, uns zu entspannen, indem wir Meditation oder Progressive Muskelentspannung praktizieren, damit wir das Kind, das sich an uns orientiert, auch körperlich in den Schlaf begleiten können. Und wir müssen unsere Tage ent-müllen, ent-stressen, ent-lasten, damit wir nicht ständig zu kurz kommen. Dringend.

Die Elternfrage
Schlafen nie ohne Mama?

Meine Maus, 11 Monate, lässt sich nur von mir ins Bett bringen und nachts mit Stillen beruhigen. Papa klappt leider bisher nicht. Sollen wir das einfach so laufen lassen – ändert sich das von selbst? Oder gewöhnt sie sich daran, dass nur ich immer verfügbar bin?

Nicolas Soforthilfe

Ja.

Und: ja.

Ja, es ändert sich. Und ja, sie gewöhnt sich daran, dass Mama immer da ist.

Aber fangen wir vorne an: Manche Kinder lassen sich von Papa gut ins Bett bringen, manche sogar lieber von Papa als von Mama. Aber bei Weitem die meisten Eltern erzählen, dass die Kinder ihre Mutter bevorzugen. Das ist verständlich, denn Kinder binden sich an diejenige Person, die sie am meisten umsorgt, mit der sie die meisten positiven Interaktionen haben und mit denen sie die meiste zugewandte Zeit verbringen. Und das ist in unserer Welt in sehr, sehr vielen Fällen einfach die Mutter. Diese Bindung ist nicht gottgegeben, es ist unsere Lebensweise, die zu ihr führt. Sie ist aus Sicht des Kindes in der Welt, in der wir leben, jedoch psychologisch wichtig, evolutionär klug und sichert sein Überleben. Die Kinder machen alles richtig, um sich optimal zu entwickeln. Aber diese starke Bindung an eine Hauptbezugsperson ist für die Mutter oft belastend.

Als Erstes empfehle ich immer, den Kindern entgegenzukommen, denn sie sind nur einmal klein und sie sind das schwächste Glied in der Kette. Wenn sie schwach und klein sein dürfen, können sie sich deutlich besser entwickeln, also bringt es nichts, etwas »durchzuziehen«. Dann ist es natürlich hilfreich, zweite und dritte Bezugspersonen zu etablieren, denen das Kind vertraut, damit die primäre Bezugsperson – das kann auch jemand anderes als die Mutter sein – Entlastung findet. Als Nächstes hilft es, wenn die primäre Bezugsperson tagsüber mehr Ruhephasen und Unterstützung hat, damit sie dann abends da sein kann, wenn das Kind besonders bedürftig und müde ist.

Denn das Problem liegt nicht beim Kind: Wenn es eine erweiterte Familie gibt, die sich ebenfalls viel um das Kind kümmert, wenn der Partner oder die Partnerin ausreichend zeitlich und emotional verfügbar sind (reine Anwesenheit reicht nicht, emotionale Präsenz ist der Schlüssel), dann ist die primäre Bezugsperson deutlich weniger belastet. Aber auch bei traditionell in Gruppen lebenden Völkern sind kleine Kinder vor allem auf ihre Mutter bezogen. Und das vor allem dann, wenn sie verletzlich sind – also müde, irritiert oder gar kränkelnd.

Um auf die erste Frage zu antworten: Es ändert sich mit der Zeit von selbst, wenn eine zweite Bezugsperson mit dem Kind ausreichend interagiert oder es einfach größer wird und auch bei anderen Menschen gut einschlafen kann. Aber es kann deutlich länger dauern, als die meisten modernen Eltern zu warten bereit sind (bis ins fünfte oder sechste Lebensjahr). Wenn wir wollen, dass es sich schneller ändert, müssen wir für das Kind erst tagsüber die Intensität der Beziehungen mit anderen Menschen erhöhen. Wir sollten vermeiden, jemand anderem das Kind zu geben und zum Beispiel das Einschlafen so »durchzuziehen«, ohne dass die beiden eine ausreichende Grundlage für dieses Experiment haben – das ist stressig für den Erwachsenen und stressig für das Kind.

Für das Kind ist es viel hilfreicher zu wissen, dass seine primäre Bezugsperson – in dieser Familie offenbar die Mutter – tatsächlich »immer verfügbar« ist, wenn es sie braucht. Es stärkt seine Bindungsfähigkeit, sein »Urvertrauen« und sein Vertrauen in die Welt, in der es aufwächst. Mit der Zeit wird es lernen, dass auch andere Bezugspersonen den Job super machen können.

Die Frage hinter der Frage

Wie organisieren wir unsere Familien und wer trägt die Last unserer nicht-artgerechten Lebensweise?

Wir wissen, dass die Frauen diese Last viel zu lange getragen haben, und wollen zu Recht, dass das nicht mehr so ist. Oft ist die Lösung dann, dass die Kinder eben auch bei Papa einschlafen lernen müssen, auch wenn sie weinen, sich wehren, nach Mama rufen. Kann das der richtige Weg sein? Dann tragen also jetzt die Kinder die Last unserer Lebensweise? Oder die Partner (oder Partnerinnen) und Väter, die oft einen Großteil der finanziellen Last tragen und jetzt ein Kind ins Bett bringen sollen, das sich wehrt und nach Mama ruft? Sollen sie dann halt mal die Belastungsspitzen stemmen? Verteilen wir die Last damit nicht einfach nur weiter um, ohne das Problem an sich zu lösen?

Was also tun?

Familie besteht nicht aus Vater, Mutter, Kind – und auch nicht aus anderen Konstellationen, in denen so wenige Erwachsene für ein Kind oder mehrere Kinder zuständig sind. Familie ist eine große Gruppe, und je enger wir in den ersten Jahren mit anderen zusammenleben, desto einfacher wird es für alle. Nur dann haben wir auch die Freiräume, um darüber nachzudenken, wie wir wirklich leben wollen – und gegebenenfalls etwas zu verändern.

Die Elternfrage
Im Auto

Mein Kind, fast fünf Monate alt, schreit oft sehr beim Autofahren. Blockaden an der Wirbelsäule haben wir abklären lassen, das ist es nicht. Was kann ich tun? Ich versuche so oft wie möglich öffentlich zu fahren. Das lässt sich aber nicht immer einrichten und das starke Weinen halte ich kaum aus.

Nicolas Soforthilfe

Fakt ist: Autofahren ist nicht artgerecht. Besonders sehr kleine Babys unter einem Jahr haben oft ein großes Problem damit, weg vom Körper ihrer Bezugsperson in eine Plastikschale geschnallt zu werden und nicht zu sehen, warum es wackelt, wohin es geht und wann es zu Ende sein wird. Wir können ein bisschen Vorsorge treffen, damit es leichter wird, hier ein paar Tipps aus *artgerecht – Das andere Babybuch:*

- Planen wir längere Strecken zu einer Tageszeit ein, in der das Kind ohnehin schlafen würde, und stillen es in der Babyschale in den Schlaf.
- Wir achten in diesem Fall darauf, dass das Baby satt und »leer« ist, wenn wir es in den Sitz setzen.
- Wenn das Baby partout nicht im Auto schläft, fahren wir zu einer Zeit, in der das Kind im »entspannten Wachzustand« ist und sich zum Beispiel ein Stoffbilderbuch eine Weile interessiert anschauen wird.
- Wir haben stets spezielle Spielsachen im Auto mit, die es nur dort gibt und die besonders interessant sind. Gut ist alles, was Geräusche macht, weich und ungefährlich ist.
- Essen und Spielsachen haben wir auf dem Beifahrersitz vorrätig, es wird einiges im Laufe der Fahrt im Fußraum landen.
- Sobald das Kind sicher essen kann, können wir ihm ungefährliche Knabbersachen in die Hand drücken, an denen es sich während der Fahrt nach Belieben vergnügen kann (nichts, an dem es sich verschlucken könnte!).
- Wir singen für das Baby und erzählen ihm, an was für tollen Stellen wir vorbeifahren. Wir erzählen ihm lustige Sachen und lachen mit ihm.
- Die Babyschale können wir auch auf dem Beifahrersitz fest-

schnallen (Airbag ausschalten!) und das Kind knuddeln und streicheln, wenn die Ampel Rot zeigt.

- Sind die Kinder älter, helfen Hörspiele und Bücher.

Die Frage hinter der Frage

Muss ein Baby sich nicht auch anpassen können?

Nein. Muss es nicht. Das moderne Leben verlangt unseren Kindern Anpassungsleistungen ab, auf die ihr Nervensystem und ihr Gehirn nicht ausgerichtet sind. Dennoch kommen wir Eltern nicht drum herum, mit den heutigen Erfordernissen Schritt zu halten. Wenn sich das Auto nicht vermeiden lässt, gilt stets: Anschnallen ist Pflicht, Sicherheit hat Priorität. Wenn wir uns entscheiden, ein Baby oder Kleinkind im Auto zu transportieren, müssen wir auch bereit sein, die Konflikte auszuhalten, die ein Anschnallgurt und das Sitzen in der Babyschale mit sich bringen können.

Was also tun?

Wir probieren die verschiedenen Zaubertricks fürs Auto aus und fangen mit dem an, der uns selbst am meisten Spaß macht. Wenn alles nichts bringt, dann hilft es vielleicht zu wissen, dass es in der Regel mit 12 bis 18 Monaten deutlich leichter wird, weil die Kinder Hörspiele hören, essen und Bücher angucken können. Vielleicht lässt sich zum Beispiel der große Einkauf im Möbelhaus bis dahin noch etwas verschieben?

Die Elternfrage
Zwei ins Bett bringen

Meine Kinder sind sechs Monate und drei Jahre alt. Abends entstehen für mich gern mal furchtbar stressige Situationen, weil ich für das Zubettbringen beider Kinder oft ewig brauche und dann nach einem langen Tag schon fix und alle bin. Wie bringe ich beide gleichzeitig ins Bett?

Nicolas Soforthilfe

Es kommt auf das Alter der Kinder und die Situation an. Schauen wir einmal genauer hin:

1. *Das Baby muss in den Schlaf getragen werden, aber das Kleinkind ist schon müde*

Machen wir beide Kinder frühzeitig (!) bettfertig (essen, wickeln etc.) und gönnen wir dem großen Kind noch etwas Zeit, in der wir uns um seine Belange kümmern. Kuscheln wir das große Kind in einem halbdunklen Zimmer ins Bett, mit einem Schmusetier oder einer Kuscheldecke. Sagen wir ihm, dass wir uns gleich zu ihm legen, sobald das Baby schläft. Dann nehmen wir das Baby in eine Trage oder auf den Arm und laufen im Zimmer langsam auf und ab. Wir können singen oder eine Geschichte erzählen, die spannend anfängt und dann immer langweiliger wird. Wir können das Baby dabei sogar stillen, wenn es das braucht. Wenn das große Kind herumlaufen will, nehmen wir es an die Hand und laufen mit ihm zusammen hin und her. Das große Kind wird lernen zu warten, bis das Baby eingeschlafen ist. Dann legen wir das Baby ab (für Tipps siehe *artgerecht – das andere Babybuch*) und kuscheln ausgiebig mit dem großen Kind, bis es eingeschlafen ist.

2. *Das Baby ist müde, das Kleinkind aber noch hellwach*

Legen wir uns mit dem Kleinkind und dem Baby ins Bett und lesen wir dem Kleinkind noch etwas vor. Wenn es nicht stillsitzen kann, toben wir mit ihm noch ein bisschen durch das Bett – die Energie muss raus. Manchmal wollen auch die Babys noch mit den Großen toben, bevor sie schlafen können. Aber dann brauchen wir Ruhe, um es in den Schlaf zu stillen oder zu tragen oder zu streicheln.

Wenn das Kleinkind absolut keine Ruhe findet, geben wir ihm etwas zu tun: Es kann malen oder ein Hörspiel hören oder … sogar 20 Minuten Fernsehen sind im Zweifel besser als jeden Abend zwei schreiende Kinder – es ist ja nicht für ewig.

3. *Sorgen wir für Hilfe und Fokus*

Gibt es jemanden, der eine Weile kommen und abends das Baby oder das Kleinkind versorgen kann, während wir das andere Kind ins Bett bringen? Kann der andere Elternteil morgens früher gehen und dafür abends früher kommen? Kann jemand aus der Verwandtschaft oder dem Freundeskreis ein paar Wochen abends da sein? Nachbarn? Holen wir uns jede Hilfe, die wir kriegen können. Es ist ja nur für eine begrenzte Zeit und wir brauchen so wenig Stress wie möglich.

4. *Tun wir das, was funktioniert*

Ja, es ist keine Lösung, Kinder jeden Abend im Buggy oder sogar im Auto in den Schlaf zu fahren. Ja, es ist nicht gut, wenn Kleinkinder jeden Abend Youtube-Videos ansehen. Ja, es ist nicht gut, sie mit Essen zu beschäftigen, damit sie still sind, wenn das Baby schlafen muss.

Aber ich bin dafür, das zu tun, was Stress vermeidet, solange es sein muss. Es geht ja wieder vorbei! Jeden Abend eine überforderte, schreiende Mutter zu haben, ist für ein Kleinkind wirklich schädlich. Tun wir also alles, was wir können, um diese Situation so selten wie möglich zu haben – auch wenn wir sie nicht ganz vermeiden können.

5. *Seien wir den Kindern einen Schritt voraus*
Viele Kleinkinder können ab etwa 16:00 Uhr nicht mehr kooperieren, weil ihr Tag lang war. Wir müssen also frühzeitig anfangen, vom Spielplatz nach Hause zu laufen, zu Abend zu essen und die Kinder bettfertig zu machen, oder sie vielleicht sogar mit den Tagesklamotten ins Bett bringen, wenn wir zu spät dran sind. Es ist nicht der Job der Kinder, das Timing im Auge zu behalten. Wenn wir es verpasst haben, lassen wir das Zähneputzen bleiben und sparen auch das Umziehen und bringen die Kinder einfach direkt ins Bett, solange sie noch nicht völlig »drüber« sind. Lieber ein bisschen früher als zu spät!

Die Frage hinter der Frage

Dürfen wir uns Hilfe holen?
Ja, dürfen wir. Denn zwei müde Kinder sind mehr, als ein Homo sapiens gut versorgen kann. Daher meine ich den Tipp mit den Nachbarn tatsächlich ernst. Jemand, der noch zehn Minuten mit dem Kleinkind Lego spielt, kann ein Segen sein.

Was also tun?

Springen wir über unseren Stress-Schatten und schauen wir konsequent nach Lösungen. Wir werden dabei sogar zum Vorbild für andere, nicht immer alles allein schaffen zu müssen. Wer weiß, was daraus für neue Möglichkeiten entstehen?!

Auf die Schnelle
Kompaktantworten zur Babyzeit

Weil wir komplett bedürfnisorientiert schlafen und essen, haben wir absolut keine festen Zeiten. Dadurch ist es manchmal sehr schwierig, den Alltag zu organisieren, was Termine oder Kurse wie Babyschwimmen angeht. Hast du da einen Tipp? Oft sage ich schon Kurse ab, wenn ich merke, dass es gar nix wird.

Ich liebe es, immer wieder zu sehen, wie Eltern wissen, was gut für sie und ihre Kinder ist. Bei artgerecht gibt es einen Grundsatz und er heißt: Wir reparieren nichts, was nicht kaputt ist. Wenn es für alle funktioniert – warum sollten wir es ändern? Mit kleinen Kindern sind Zeitpläne eher ein Hindernis als eine Hilfe. Gleichzeitig kommt bei vielen Familien irgendwann der Punkt, an dem die Kinder Rhythmen brauchen und einfordern, um etwa regelmäßig zu essen oder zu einem Zeitpunkt ins Bett zu gehen, der für die Eltern noch innerhalb ihres Energie-Reservoirs liegt. Aber bis dahin können wir getrost unseren Bedürfnissen folgen und Termine lieber frühzeitig absagen, als uns alle unnötig zu stressen.

Meine Tochter, neun Monate, schläft von Anfang an sehr schlecht. Sie schläft bei mir im Bett und hin und wieder,

wenn es nicht anders geht, in der Federwiege. Seit sechs Wochen stillt sie nachts stündlich. Was kann ich machen? Langsam bin ich am Ende meiner Kräfte.

Wenn Babys nachts stündlich stillen, kann das viele Ursachen haben: Sie haben einen Wachstumsschub, sie werden krank, sie kriegen Zähne. Wenn Babys schlecht schlafen, gibt es auch dafür in der Regel eine Ursache. Was es ist, kann in dieser Situation nur ein ausführliches Gespräch zeigen. Und das ist auch die wichtige Info zu dieser Frage: Wir Eltern halten solche Phasen oft viel zu lange durch. Wir denken, es werde schon vorbeigehen, wir werden es schon schaffen, oder wir denken sogar, wir müssten es alleine hinbekommen. Dabei kann nur eine einzige Stunde bei einer gut ausgebildeten Beratungsperson alles verändern! In der »artgerechten« Situation hätten wir ein ganzes Dorf, das mit uns dieses Gespräch führen könnte – in der modernen Zeit müssen wir uns jemanden suchen. Es lohnt sich, hier Zeit und Geld zu investieren. Oft investieren wir stattdessen in »Quick-fixes«, die uns nicht weiter wehtun, wie Meditations-Apps, Essengehen, neue Kleider, eine neue Schlafstätte, kurz: in Konsum.

Falls das unser Muster ist, kann es eine spannende Erfahrung sein, stattdessen einfach zu einer Erziehungsberatung, in ein Familienzentrum, zu einem artgerecht-Coach zu gehen und hier den Gegenwert eines Abendessens in uns selbst zu investieren. Die Frage, die wir uns stellen müssen, lautet: Sind wir uns das wert? Dürfen wir Hilfe annehmen? Ja, wir dürfen.

Was, wenn das Kind trotz bedürfnisorientierter Begleitung und Co-Sleeping im Familienbett schlecht schläft? Wir helfen unserem Kleinen jeden Abend in den Schlaf, schauen,

dass er rechtzeitig ab dem Nachmittag runterfahren kann, bieten Rituale, körperliche Nähe, Einschlafstillen – und dennoch wird er sehr oft wach und weint.

Weder bedürfnisorientierte Begleitung noch Co-Sleeping (oder Co-Bedding, also Schlafen auf der gleichen Unterlage) sind eine Garantie für ein gut schlafendes Kind. Ebenso wie Stillen keine Garantie für ein gesundes Kind ist und Tragen keine Garantie für ein motorisch top entwickeltes Kind. Es erhöht die Wahrscheinlichkeit und vielleicht wären die Dinge noch schwieriger, wenn wir das Kind nicht artgerecht begleiten würden – aber es gibt keine Knöpfe, die man drücken kann. Jedes Kind ist anders. Wenn ein Kind schlecht schläft, kann das, wie bei der vorangegangenen Frage beschrieben, viele Ursachen haben. Wir können gemeinsam diesen Ursachen auf den Grund gehen und schauen, was uns hilft.

? Wie mache ich es, wenn ich die zeitintensive bedürfnisorientierte Begleitung meines Kindes in den Schlaf nicht mehr leisten kann, nicht mehr aushalte, nicht mehr will?

Auch hier gilt: Jede Beziehung erfordert zwei Menschen. Wenn einer nicht mehr kann, dann muss sich an der Beziehung etwas ändern. Bei Kindern sollten wir uns dazu ein paar Fragen stellen:

- Wer ist das schwächste Glied in der Kette (das kann auch der Elternteil sein, der das Kind in den Schlaf bringt) und wie kann ich diesen Menschen entlasten?
- Gibt es einen Weg, die Bedürfnisse der Eltern zu erfüllen, ohne dafür dem Kind wegzunehmen, was es wirklich braucht?
- Was *braucht* das Kind – und was *will* das Kind? Kann das Kind zum Beispiel schon anders einschlafen (mit wenigen Monaten sicher nicht, mit drei Jahren vielleicht schon)?

- Wer könnte mich unterstützen? Denn was das Kind braucht, ist legitim, nur dass ich es ihm alleine geben muss, ist für mich nicht machbar.
- Wie kann ich eine Veränderung in einem achtsamen Prozess erreichen, in dem niemand verletzt wird und wir in Kontakt bleiben, ohne in Machtkämpfe zu gehen?
- Was erschöpft mich: Ist es wirklich das Kind oder geht meine Energie woanders verloren, etwa in Beziehung, Job, Haushalt?

Wir müssen beachten, dass sehr kleine Kinder keine Wünsche, sondern Bedürfnisse haben. Wenn wir diese nicht mehr erfüllen können, sollten wir in einen achtsamen Veränderungsprozess gehen, an dessen Beginn immer die Frage steht: Wer kann hier was leisten?

Das Kind geht abends super ins Bett, aber beim Mittagsschlaf klappt es immer weniger. Manchmal dauert es zwei Stunden, in denen ich versuche, das Kind in den Schlaf zu bringen, und dann stehen wir frustriert auf, weil es doch nicht schläft. Und dann schläft es mir um 17 Uhr auf dem Weg zum Klavierunterricht des Großen ein!

Dies ist ein sehr häufiges Phänomen in der von mir so genannten »artgerechten Mittagsschlaf-Wechselphase«. Die Kinder brauchen oder wollen keinen Mittagsschlaf mehr, finden nicht mehr in den Schlaf, sind dann aber nachmittags doch so müde, dass sie uns zusammenfallen.

Was uns helfen kann:

- Wir machen uns bewusst: Es ist eine normale Phase und sie geht vorbei.

- Oft hilft es, wenn die Kinder nur noch drei- bis viermal pro Woche Mittagsschlaf machen, sonst aber wach bleiben.
- Wenn wir merken, dass das Kind nach 30 Minuten nicht wegnickt, wird es nicht schlafen. Dann lassen wir los und müssen möglichst Einschlafsituationen am Nachmittag vermeiden (Trage, Auto, ruhiges Sitzen im Buggy etc.), damit das Kind abends ins Bett findet.
- Wir können auch damit experimentieren, ob das Kind generell weniger Schlaf auf 24 Stunden braucht, und es zum Beispiel später ins Bett bringen.
- Wir können mittags statt Schlaf eine Entspannungspause einlegen, also vorlesen, ein Hörspiel hören, einfach herumliegen. Das kann helfen, dass das Kind nachmittags nicht so todmüde und quengelig ist, es entlastet uns aber von dem »Das Kind muss schlafen!«-Stress.

Manchmal bin ich nachts so im Tiefschlaf versunken, dass ich vom Weinen des Babys nicht aufwache. Bin ich ein schlechter Elternteil, wenn ich mein Kind nachts nicht höre?

Nein, nur ein Elternteil, der nachts tief schläft. Das kann verschiedene Ursachen haben: Das Kind liegt zu weit weg, man ist zu erschöpft, jemand anderes hat nachts die Verantwortung etc. Wenn das Kind uns nachts braucht, sollten wir aber verfügbar sein. Daher lohnt es sich, ohne schlechtes Gewissen ganz nüchtern zu schauen, was uns so tief schlafen lässt. Wenn wir es nicht ändern können, sollte das Kind auf keinen Fall mit uns auf einer gemeinsamen Matratze schlafen, sondern aus Sicherheitsgründen immer in einem Babybalkon oder Babybett neben uns.

Tagsüber ist mein Baby ein Sonnenschein. Aber nachts schreit es oft eine Stunde am Stück. Ist das normal? Was mache ich da?

Ich checke erst die üblichen Verdächtigen:

- Hat das Kind Hunger? Dann füttere ich es.
- Ist dem Kind zu heißt oder zu kalt? Dann wärme oder kühle ich es.
- Hat das Kind schlecht geträumt? Dann tröste ich es.
- Muss das Kind mal? Das ist eine häufigere Ursache, als man denkt. Dann halte ich es ab (wie das geht, beschreibe ich in *artgerecht – das andere Babybuch*).
- Kann das Kind zwei Schlafphasen nicht verbinden? Dann helfe ich ihm mit seiner Schlafbrücke, dem eingeübten Wegbereiter in den Schlaf (Stillen, Tragen, Kuscheln, Singen etc.).

Wenn das Kind auf nichts davon reagiert, könnte es natürlich noch eine körperliche Ursache geben wie Bauchschmerzen, eine Verspannung, Ohrenschmerzen, eine verstopfte Nase oder Ähnliches.

Wenn nichts davon zutrifft, dann verarbeitet das Kind möglicherweise einfach seinen Tag. Dann bleiben wir bei ihm, damit unser Körper seinen Stress puffert, und beruhigen es, bis es wieder schläft. Wenn es für uns stressig ist, gehen wir vielleicht mit dem Kind in der Trage spazieren und versuchen, den nächtlichen Sternenhimmel zu genießen.

Was mache ich, wenn ich den Drang nach mehr Freiheit habe? Ich fühle mich so unselbstständig, seit ich stille, so abhängig vom Kind – wie gehe ich damit um?

Es hilft oft, die Prozesse in Perspektive zu setzen: Das Baby ist *jetzt* klein, es ist *jetzt* bedürftig. In wenigen Jahren wird das schon anders sein. Und wir geben unserem Kind jetzt etwas mit, das ihm sein ganzes Leben lang helfen, es stark machen und ihm auch dann noch zur Seite stehen wird, wenn wir selbst schon nicht mehr sind – auch dieser Gedanke kann uns trösten.

Wenn es uns stresst, dass jemand so abhängig von uns ist, lohnen sich zwei Dinge: Erstens können wir in Personen investieren, die dem Kind eine zweite Basis anbieten, sodass wir entlastet werden (und die das Kind zum Beispiel mit abgepumpter Milch füttern). Und zweitens können wir versuchen herauszukriegen, was uns stresst, was uns aufwühlt, welche Erfahrungen die aktuelle Situation hochkommen lässt. Beides sind lohnenswerte Unternehmungen, von denen wir und das Kind ein ganzes Leben lang profitieren werden.

Ich mache mir Gedanken, wie ich das mit dem Abstillen hinbekomme. Wenn ich das Kind von der Brust entwöhne, muss ich dann Flasche geben?

Das kommt auf das Alter des Kindes an. Wenn wir von einem Säugling unter sechs Monaten sprechen, ist das Fläschchen auf jeden Fall als voller Nahrungsersatz notwendig. Und auch danach noch. Bis zum Ende der Beikost-Einführung im ersten Jahr brauchen die Kinder weiter Milchnahrung und darüber hinaus, solange es für das Kind gut ist. PRE-Milch enthält wichtige Stoffe, die ein Säugling nicht aus fester Nahrung beziehen könnte.

Daher ist Abstillen auch ein zweischneidiges Schwert: Manche Kinder schlafen ab dann durch, andere verlangen dann nachts die Flasche, weil sie Durst und Hunger haben – und dann stehen wir nachts auf, damit sie sie auch bekommen.

Nach der Elternzeit steht bald der Wiedereinstieg im Job an. Muss ich eigentlich abstillen, wenn ich arbeiten gehen muss?

Nein, müssen wir nicht. Kinder profitieren noch lange von Muttermilch und es gibt viele Varianten, sie ihnen zu geben:

- Wir können Milch abpumpen und eine Betreuungsperson füttert das Kind.
- Wir können das Kind in Stillpausen auf der Arbeit stillen, wenn wir a) zu Hause arbeiten oder b) jemand uns das Kind zum Stillen bringt.
- Wir können das Kind weiterhin morgens, abends und nachts stillen (drandenken: Die Kinder tanken oft nachts nach, was sie tagsüber vermisst haben, die Nächte können also unruhig werden).
- Wir können auch nur morgens und abends stillen.

Jeder Tropfen Muttermilch zählt, das wissen wir aus Studien – und zwar lange über die Sechs-Monats-Grenze hinaus. Insofern sollte jede Stillende dabei unterstützt werden, wenn sie arbeiten und weiterstillen möchte. Über die gesetzlichen Regelungen und ihre Möglichkeiten können wir uns zum Beispiel bei afs-stillen.de (Arbeitsgemeinschaft Freier Stillgruppen) informieren.

Was mache ich, wenn das Baby beim Stillen beißt? Das tut manchmal so weh, dass mir die Tränen kommen.

Babys beißen, wenn sie Zähne bekommen und die Kauleisten jucken, drücken oder wehtun. Für sie ist die Brust die Lösung für alles und warum nicht auch dafür? Dass es der Mutter wehtut, müssen sie erst lernen, und auch dann können sie den Impuls nicht unterdrücken. Wir geben ihnen also eine Alternative: einen kühlen Kauring, einen gekühlten Schnuller, Veilchenwurzel oder Ähnliches, das ihnen hilft.

Kann ich ohne schlechtes Gewissen und ohne Tränen abstillen, wenn das Kind noch nicht so weit ist?

Wahrscheinlich nicht. Die Frage ist auch vielmehr: Warum will ich das? Wenn ich weiß, dass das Kind noch nicht so weit ist, dann muss mir klar sein: Das tut weh. Und dann muss ich Verantwortung dafür übernehmen und sagen: Ja, ich weiß, aber ich will oder muss es tun. Und dann bin ich erwachsen und stehe zu meiner Entscheidung und ihren Konsequenzen. Wenn ich das nicht kann, dann sollte ich mir überlegen, ob es vielleicht auch für mich noch nicht der richtige Zeitpunkt ist.

Mein artgerecht-Blick auf Alltag und Betreuung

Unser Alltag ist oft nicht artgerecht – das ist leicht zu erraten. Wir haben meist zu viele Termine, zu viel Zeitdruck, zu wenig Unterstützung und zu wenig Raum für unsere eigenen Bedürfnisse. Dazu muss man wissen, dass die Aufzucht eines kleinen Homo sapiens schon immer eine anstrengende Aufgabe war. Bei den in Botswana lebenden !Kung San gibt es ein Sprichwort, das sagt: »Wer zu schnell zu viele Kinder bekommt, kriegt nichts als Rückenschmerzen.«

Kinder sind aufwendig, waren es immer und werden es immer sein. Gleichzeitig ist unser Alltag ihre Kindheit. Und auch wenn diese Kindheit eine der längsten im Säugetierreich ist, ist die Zeitspanne, in der uns die Kinder so extrem brauchen, doch recht kurz. Warum fühlt es sich dann so endlos und anstrengend an? Weil wir nach dem gesellschaftlichen Erfolgsplan in der sogenannten »Rushhour des Lebens« zwischen 25 und 45 alles erreichen müssen: Wir müssen Partner finden, einen Ort zum Leben finden, Freundschaften pflegen, Netzwerke knüpfen, eine Karriere aufbauen – und nebenbei noch Kinder großziehen. Das wäre auch anders möglich und es liegt nicht an den Kindern, dass wir uns den Plan so vollpacken.

All das kann nur klappen, wenn unsere Kinder betreut werden. Am Anfang des artgerecht-Projektes haben wir uns gefragt, was wohl »artgerechte Betreuung« sein könnte. Wenn man zu unseren Verwandten, den Primaten schaut, stellt man fest, dass Gorilla- und Schimpansenmütter ihre Kinder alleine betreuen und eifersüchtig darüber wachen, dass ihnen keiner zu nahe kommt. Ah – ist die Mutter-Kind-Beziehung doch die einzig wichtige? Diese Idee erübrigt sich in dem Moment, in dem man sieht, dass zum Beispiel unter den Languren (eine Meerkatzenart) die Weibchen ihre Babys nur einen Teil des Tages bei sich haben, weil junge Weibchen, die selbst noch keine Kinder haben, sich ständig um sie kümmern möchten.

Also haben wir geschaut, was Anthropologen aus ihren Studien von Völkern mitgebracht haben, die noch wie unsere Vorfahren als Jäger und Sammler lebten. Und was fanden wir? !Kung-Frauen, die sich den Großteil des Tages um ihre Babys und Kleinkinder alleine kümmerten und sie immer bei sich am Körper trugen. Aber wir fanden auch Eltern des Volkes der Aka, bei denen sich die Väter überdurchschnittlich aktiv in die Familie einbrachten und die Kinder nur einen Teil des Tages überhaupt bei der Mutter waren, weil sich beim gemeinsamen Jagen viele Menschen um sie kümmerten.

Was also ist »artgerechte Betreuung«? Meine Recherchen zeigen: Egal welche Betreuungssituationen man bei Jäger-und-Sammler-Völkern antrifft, sie zeigen immer folgende Kriterien: Das Kind kennt die betreuenden Personen von Geburt an oder sogar aus der Schwangerschaft, weil sie zum Dorf gehören. Die Eltern haben mit diesen Personen nicht nur einen Betreuungsdeal, sondern sie gehören zur Familie, zum Clan, zum Dorf und teilen noch andere Dinge mit ihnen. Sie haben in der Regel auch gemeinsame Erziehungsziele und allem voran die Wertschätzung für das Kind und seine Bedürfnisse. Insbesondere Babys werden der Mutter sofort gebracht, wenn sie sie brauchen, oder sie werden von einer anderen Person gestillt, wenn entsprechend jemand anwesend ist.

Wie sollen wir das abbilden? Wir müssen es nicht. Denn unter all diesen Kriterien liegt eines und das ist: sichere Bindung.

Die Kinder brauchen eine sichere Bindung an ihre Betreuungsperson. Das ist artgerecht. Ob die Kinder dann mit Plastik oder mit Holz spielen, in rosafarbenen oder weißen Räumen basteln oder Mathe lernen, spielt eine untergeordnete Rolle. Babys und Kleinkinder können ihre Entwicklungsschritte nur dann gut bewältigen, wenn eine sichere Bindung als Grundlage vorhanden ist. Und jede Betreuung, die das gewährleisten kann, kann einen wichtigen Beitrag zu unserer Familie als erweitertes Dorf leisten.

Die Elternfrage
Betreuung im ersten Jahr

Wenn es keine Alternative zur Fremdbetreuung im ersten Jahr gibt – wie kann man es leichter machen für das Baby? Und worauf sollte man achten, um zu merken, ob das Baby darunter leidet?

Nicolas Soforthilfe

Damit alle auf dem gleichen Stand sind: Forscher raten von institutioneller Fremdbetreuung im ersten Jahr ab. Das ist Fakt.

Und ab hier geht die Differenzierung los: Wo wird das Kind betreut, von wem, in welcher Gruppengröße und wie lange? Wie ist die Eingewöhnung, wie gut ist das Kind gebunden und welches Temperament hat das Kind?

Es gibt Kinder, die mit früher Fremdbetreuung gut klarkommen. Es gibt Eltern, die sich einfach besser um ihr Baby kümmern können, wenn sie genug Zeit haben, sich um sich selbst zu kümmern. In all diesen Fällen kann Fremdbetreuung einen positiven Effekt haben.

Wenn wir uns also fragen, was es leichter macht für das Baby, dann lautet die Antwort:

- **Kleine Gruppen** – am besten eine Eins-zu-eins- oder maximal eine Eins-zu-zwei-Betreuung (Mütter von Zwillingen oder mehreren Kindern wissen, dass schon das eine Herausforderung ist).
- **Kurze Betreuungszeit** – wir wissen aus Studien, dass es tatsächlich auf eine Stunde ankommen kann, die das Kind mehr oder weniger betreut wird. Jede Betreuung bedeutet für das Baby einen erhöhten Stresslevel, egal wie wunderbar sie ist. Es gilt also: je kürzer, desto besser.
- **Lange Eingewöhnung** –, sodass das Kind eine echte Bindung an seine Bezugsbetreuung hat, die auch nicht wegen Urlaub oder Fortbildung kurz danach oder unvermittelt gewechselt werden sollte. Manche Babys scheinen schon nach wenigen Tagen gut »angekommen«, aber wir dürfen nie vergessen, dass das Kind nicht nur an Sonnentagen, wenn es ihm gut geht, sondern auch an den weniger entspannten Tagen in der Betreuung gut aufgehoben sein muss. Daher lohnt sich die Zeit, die wir in eine gründliche Eingewöhnung investieren.
- **Feinfühlige Betreuende** – die Bezugsperson sollte in der Lage sein, prompt, feinfühlig und angemessen auf das Baby zu reagieren, und zwar sowohl von ihrer eigenen Persönlichkeitsstruktur her als auch von den institutionellen Gegebenheiten, unter denen sie arbeitet. »Prompt« meint zwischen 2 und 20 Sekunden Reaktionszeit. Außerdem sollte diese Person für Kinder unter drei ausgebildet sein und beispielsweise wissen, dass Babys unter Umständen getragen werden müssen, um sich zu regulieren, und man sie niemals alleine schreien lassen darf.

Und zuletzt müssen wir uns das Temperament unseres Kindes ansehen: Babys, die schon bald regelmäßig schlafen und stillen, die sich gut beruhigen lassen und keine Probleme mit anderen Menschen haben, die Mutter-Attrappen gut akzeptieren (Schnuller, Schnuffeltuch, Teddybär, Spieluhr), tun sich häufig leichter mit früher Fremdbetreuung. Babys, die leicht irritierbar sind, sich vor allem auf ihre primäre Bezugsperson konzentrieren und den Schnuller im hohen Bogen ausspucken, tun sich oft schwer und brauchen eine längere Eingewöhnung und kürzere Betreuungszeiten. Außerdem fällt es Jungs oft schwerer als Mädchen.

Woran merken wir, dass es zu viel ist? Das Baby lässt sich nicht gut abgeben, weint viel, schläft und isst schlechter, geht nicht in Kontakt, entwickelt sich nicht gut. Wir werden es merken – wir müssen uns nur erlauben, hinzuschauen.

Die Frage hinter der Frage

Institutionelle Fremdbetreuung ist für Kinder oft nicht gut – trotzdem kommen wir meist nicht drumherum. Wie gehen wir damit um?

Der erste Schritt ist, uns darüber klar zu werden, dass es so ist. Diese Tatsache anzuerkennen kann uns helfen, besser zu verstehen: unsere eigenen Gefühle, die Reaktionen unserer Kinder und auch die Zwänge des Betreuungspersonals. Das hilft uns, wieder handlungsfähig zu werden. Es liegt nicht an uns, an den Kindern oder den Fachkräften – aber alle gemeinsam können wir etwas tun, um die Situation zu verbessern. Der erste Schritt ist immer, miteinander statt gegeneinander zu arbeiten. Und dann auf gesellschaftlicher Ebene sichtbar zu machen, dass wir mit der Situation unzufrieden sind (unsere Abgeordneten kontaktieren, Initiativen beitreten, uns an demokratischen Prozessen beteiligen).

Was also tun?

Richten wir uns ein in den Zwängen des Zeitalters? Oder stehen wir auf und sagen: »Stopp. So geht das nicht«? Stehen wir ein für echte Gleichberechtigung und eine Gesellschaft, die Care-Arbeit endlich wertschätzt, angemessen unterstützt und honoriert, oder spielen wir das Spiel mit, weil es nun einmal so ist, wie es ist? Diese Fragen sollten wir uns stellen, denn unsere Antworten darauf entscheiden, wie unsere Töchter und Enkel mit dem Problem umgehen werden.

Die Elternfrage
Ohne Kindergarten

Ist es für die soziale Entwicklung hinderlich, wenn das Kind nicht in den Kindergarten geht oder gehen will? Sollte ich da mehr Druck machen?

Nicolas Soforthilfe

Die Antwort lautet: Im Prinzip nein. Und: nein.

1. Ein Kind kann sich nach Studienlage zu Hause in einer förderlichen Umgebung genauso gut entwickeln wie im Kindergarten.
2. Ein Kind profitiert von einer Betreuung im Kindergarten vor allem dann, wenn der Kindergarten eine sehr hohe Betreuungsqualität gewährleisten kann, wenn die Eltern zu Hause sehr belastet sind, der Kindergarten also eine »Auszeit« bedeutet,

oder wenn das Kind im Kindergarten die Landessprache lernt, die es sonst zu Hause nicht lernen würde.

3. Ansonsten können sich Kinder in einem liebevollen Zuhause mit zugewandten Erwachsenen genauso gut wie oder – je nach Qualität des Kindergartens – sogar besser entwickeln als in einem Kindergarten.

Die Frage hinter der Frage

Kann eine Mutter oder ein Vater ein Kind gut erziehen oder braucht es dafür »Fachkräfte«?

Mir wurde schon nach drei Monaten mit meinem Säugling gesagt, ich sei ja »nur Mutter« und daher solle ich mein Kind möglichst schnell in fachkundige Hände geben.

Was ich interessant fand: Für diese Bewertung gibt es keinerlei wissenschaftliche Grundlage. Ob ein Kind sich gut entwickelt, hängt nicht von institutioneller Betreuung ab, sondern vor allem davon, wie zugewandt, feinfühlig und angemessen die Menschen in seiner Welt mit ihm umgehen – ob das Eltern, Großeltern, Fachkräfte oder der Freundeskreis sind, spielt dabei vor allem in den ersten drei Lebensjahren nur eine untergeordnete Rolle.

Was also tun?

Lehnen wir uns zurück und schauen wir auf uns und unser Kind: Was brauchen wir, was braucht das Kind? Was passt zu uns? Und dann entscheiden wir, was jetzt gut ist, und evaluieren in ein paar Monaten noch mal, ob das dann immer noch passt. Denn sie wachsen so schnell – und wir auch.

Die Elternfrage

Zu viel Kita?

Meine Tochter, drei Jahre alt, knibbelt an den Fingern und knabbert an Lippe und Backe. In der Kita ist sie super vorbildlich, zu Hause: Wutausbrüche. Die Kita ist natürlich anstrengend, harte Arbeit, sie wird sechs bis sieben Stunden dort betreut. Zu viel für sie? Nachmittagsaktivitäten habe ich bereits heruntergefahren. Was könnte ich noch tun?

Nicolas Soforthilfe

Eltern wissen oft selbst genau, was ihre Kinder brauchen, wenn man ihnen nur aufmerksam zuhört. Hier liegt die Antwort auch bereits in der Frage: Ja, das Kind hat offenbar einen langen Kita-Tag und kommt damit nicht gut klar. Jetzt können wir ein paar Fragen stellen:

Die erste Frage ist: Was heißt »harte Arbeit«? Viele Aktivitäten? Zu lang? Zu voll? Zu laut? Zu streng? Je nachdem, was dem Kind »zu viel« ist, könnten wir schauen, was wir verändern können.

Dazu ist es wichtig, dass wir uns klarmachen: Kinder interessieren sich in der Kita vor allem dafür, ob es eine Bezugsperson gibt, der sie vertrauen können und die durchgehend da ist. Ist dies nicht der Fall, weil das Kind etwa nicht lange genug eingewöhnt wurde oder seine Bezugsperson im Urlaub ist, auf Teilzeit gewechselt hat oder häufig krank ist? Dann steigt der Stresspegel des Kindes möglicherweise an.

Zudem sollten wir uns immer vor Augen halten, dass Kinder unter sechs Jahren jemanden brauchen, um sich in der Betreuung zu beruhigen. Ist dies in der Betreuung möglich? Werden die Kinder begleitet?

Symptome bei einem Kind, dem die Betreuung zu viel ist, können sein: Das Kind ist auffallend quengelig über einen längeren Zeitraum, schnell aufgewühlt, wütend, weint oft und schnell, es spielt deutlich mehr und länger alleine, es ist unkonzentriert und lustlos. Ältere Kinder sind oft ohne Antrieb, immer müde, wollen am Wochenende nichts mehr unternehmen, werden immer wieder krank oder sind sogar chronisch erkältet. Symptome wie Knibbeln, Kratzen, Lippebeißen oder Nägelkauen sind ein sicheres Zeichen dafür, dass das Nervensystem des Kindes unter Dauerstress steht, insbesondere, wenn sie über einen längeren Zeitraum anhalten – denn diese unwillkürlichen Bewegungen sind ein Versuch der Selbstberuhigung.

Es gilt in diesem Fall: Das Kind braucht eine Pause. Es braucht mehr Ko-Regulation und Ruhe in der Betreuung, beispielsweise einen Rückzugsort, wenn möglich kürzere Betreuungszeiten oder sogar mal zwei Wochen Auszeit.

Die Frage hinter der Frage

Die große Frage ist: Wie wollen wir leben? Was wollen wir in Kauf nehmen?

Wenn ein Kind deutlich zeigt, dass ihm die Betreuung zu viel ist, dann drückt es damit aus: »Ich bin überfordert, ich schaffe das nicht.« Es ist der einzig richtige Weg, auf das Kind zu hören und kompromisslos nach Lösungen zu suchen. Wenn es zu kleine Schuhe hätte, würden wir sie ihm ja auch ausziehen.

Was also tun?

Das Kind ist immer das schwächste Glied in der Kette. Und daher ist es unsere Aufgabe zu prüfen, was wir tun können, um dem Kind zu helfen. Oft gibt es dafür keine einfache Lösung.

Aber in Gesprächen innerhalb der Familie, mit der Kita, dem Arbeitgeber, den Nachbarfamilien werden wir sicher auf gute Ideen kommen – um das umzusetzen, was uns für unsere Familie und unser Kind richtig erscheint.

Die Elternfrage
Stress am Morgen

Die morgendliche Routine: anziehen, Zähne putzen, loskommen, weil Mama zur Arbeit muss. Noch früher aufstehen geht nicht. Wie kann man da ohne Weinen, Stress und Co. durchkommen mit einem Zweijährigen, der nicht versteht, dass wir pünktlich aus dem Haus müssen?

Nicolas Soforthilfe

Auf den ersten Blick ist das eine ganz häufige, logische Frage: Was kann ich als Elternteil machen, wenn ich losmuss und das Kind nicht kooperiert? Wie kriege ich es dazu, pünktlich mit mir durch die Tür zu kommen, damit ich in der Arbeit lande, ohne total gestresst zu sein? Und ohne dass das Kind jedes Mal weint?

1. Zieh das Kind bereits abends für den nächsten Tag an, leg es mit seinen Klamotten ins Bett und zieh morgens nur noch Hose, Pulli, Jacke und Schuhe drüber (und wenn das Kind das nicht will, nimm es so mit ins Auto oder den Bus und transportiere das »Zubehör« mit in die Einrichtung). Vielen Kindern ist es beim morgendlichen Um- und Anziehen schlicht zu kalt – wir können es ihnen getrost ersparen.

2. Putz deinem Kind nachmittags oder abends die Zähne und überlass das morgendliche Zähneputzen ebenfalls der Betreuung. Es gibt keinen Druck, einem Kind jeden Morgen die Zähne zu putzen, nicht einmal, wenn es nachts noch stillt.
3. Loskommen wird leichter, wenn es spielerischer wird: Lege abends alles (alles!) zurecht, am besten schon in die Garderobe oder ins Auto. Wärm im Winter die Sachen des Kindes auf der Heizung vor, damit es keinen Temperaturschock kriegt. Denk dir ein Spiel aus, das ihr jeden Morgen spielt, bis ihr unterwegs, beim Auto oder in der Bahn seid (zum Beispiel: Wir gehen Mäuseschritte, Katzenschritte, Elefantenschritte – yeah!).
4. Findet auf dem Weg zur Betreuung schöne Dinge, die ihr euch jeden Morgen anseht: Wie blühen die Blumen im Garten nebenan heute, sind sie schon verwelkt? Wie geht es der Katze im Hinterhof? Hat der Bäcker schon geöffnet? Baut kleine Abenteuer in den Weg ein, damit es ein lustiger Weg ist.
5. Wenn jemand sagt: »Na, der ist ja ganz schön verwöhnt!«, lehnt euch zurück in dem Wissen: Kinder, die als Kleinkinder gestresst sind, können sich im Grundschulalter unter Stress deutlich schlechter regulieren. Daher tun wir gut daran, Stress zu vermeiden. Es ist eine gute Investition in die Zukunft (und das Gehirnwachstum) des Kindes, es jetzt zu umsorgen und nicht zu überfordern.

Die Frage hinter der Frage

Kannst du mir helfen, dass mein Kind besser funktioniert? Muss ich das Kind jeden Morgen anziehen und ihm die Zähne putzen? Kann ich ein zweijähriges Kind in einen erwachsenen Zeitplan pressen?

Warum eigentlich glauben wir an das Konzept »Zeit«, wenn das menschheitsgeschichtlich betrachtet doch eine so neue

Erfindung ist, dass wir jede Generation wieder und wieder mit Druck daran gewöhnen müssen? Wir denken oft, es sei »normal«, dass es Zeitpläne gibt, aber Zeit ist eine Erfindung. Zu einer bestimmten Zeit an einem bestimmten Ort sein zu müssen, ist eine sehr neue Anforderung. Früher mussten wir vor dem Regen, vor dem Sonnenuntergang, vor dem Winter irgendwo sein. Aber das abstrakte Konzept von »um 9:00 Uhr fängt die Kita an« ist etwas, das der Homo sapiens nicht unweigerlich versteht. Im Gegenteil: Als die ersten Fabriken anfingen, Arbeitern Pünktlichkeit beizubringen (während Jäger, Sammler und Bauern nur natürlichen Rhythmen folgten), brauchte man massive Strafen, damit sie es lernten. Wir glauben heute an »Zeit«, aber wir müssen uns fragen, inwieweit wir dieses abstrakte Konzept jeden Tag über das Wohl unserer Familien stellen wollen.

Hier können wir nur Lösungen finden, wenn wir wissen, was unsere Erziehungsziele und Lebensideale sind. Die ganz großen Fragen dahinter heißen also auch hier: Wie wollen wir leben? Was ist uns wichtig? Welche Werte verfolgen wir: Pünktlichkeit, Effizienz, Disziplin, Pflichtgefühl? Was ist dem Kind wichtig: Fantasie, Kontakt, Begeisterung, Fröhlichkeit, Selbstvertrauen? Könnten unsere Werte mit Blick auf das Kind also auch andere sein: Klugheit, Leichtigkeit, Mitgefühl, Toleranz, Mut?

Kinder zeigen uns immer wieder, wo unser Leben nicht artgerecht ist: früh aufstehen, obwohl wir müde sind, und das täglich? Nicht artgerecht. Kleine Kinder täglich in Zeitpläne quetschen, obwohl sie weinen und sich wehren? Nicht artgerecht. Müde Zähne putzen? Nicht artgerecht. Gestresste Eltern und tägliche Trennung von der primären Bezugsperson? Nicht artgerecht.

Damit landen wir schnell bei politischen Themen: Sollte unsere

Gesellschaft so gebaut sein, dass Zweijährige schon morgens gestresste Eltern haben? Brauchen wir vielleicht längere Elternzeiten, sichere Rückkehr in Karrieren für Eltern, die mehrere Jahre aussetzen, sowie flexiblere Arbeitszeiten und Betreuungszeiten? Brauchen wir mehr In-home-Betreuung für Kinder unter drei Jahren, damit sie nicht morgens losmüssen? Helfen hier Arbeitszeitkonten?

Dahinter liegt die große ethische Frage: Sollte Kindererziehung in der Gesellschaft nicht den höchsten Stellenwert haben, da sie unsere Investition in die Zukunft ist? Oder soll sie weiter »nebenbei« laufen, sodass jeder sich »so durchwurschtelt« und alle Eltern denken, nur sie schaffen es nicht?

Was also tun?

Es ist ein häufiger Denkfehler in der Erziehung, dass wir Kinder zum Funktionieren bringen müssen. Kinder sollen soziale Regeln lernen, aber nicht, wenn sie zwei Jahre alt sind. Wir können lernen, klüger zu arbeiten, klügere Politik zu machen, mehr für uns zu fordern, statt die Kleinsten so zu verbiegen, dass sie in unsere industrialisierten Systeme passen.

Kinder, die »blockieren«, machen uns oft darauf aufmerksam, dass unser Leben nicht »rund« läuft, dass wir versuchen, den Fluss aufwärtszuschwimmen, statt mit dem zu gehen, was ist. Und sie lehren uns oft, dass das *Jetzt* viel wichtiger ist als das *Nachher*. Eine wichtige Lektion in Sachen Lebensphilosophie von einem Zweijährigen.

Die Elternfrage
Fremdeln

Wir haben uns für bedürfnisorientierte Erziehung entschieden – viel getragen, gemeinsam geschlafen, sofort auf Weinen reagiert – und das Baby fremdelt jetzt. Die Oma sagt: »Das hast du nun davon!« Wie gehe ich damit um?

Nicolas Soforthilfe

Fremdeln ist normal.

Fremdeln kann heißen: abweisend sein, Kontaktverweigerung auch bei bekannten Personen, weinen und schreien, schlechte Laune, wenn andere als die Bindungspersonen anwesend sind.

Was wir tun können:

- **Schritt 1:** Macht euch klar, dass die Angst echt ist – Babys lügen nicht. Nehmt die Angst des Kindes ernst – es hat echte Panik. Signalisiert, dass alles in Ordnung ist (wenn das so ist). Vermeidet selbst und bei anderen Kommentare wie: »Ist doch alles gut, reg dich nicht so auf«, die das Gefühl des Kindes abwerten.
- **Schritt 2:** Erklärt eurer Umgebung, dass es eine Angst ist wie Höhenangst – also nichts, was das Kind bewusst steuern oder was man ihm abgewöhnen könnte.
- **Schritt 3:** Erklärt Freunden und Verwandten, wie man sich dem Kind nähern kann: sanft, langsam, leise. Geht mit dem Kind weg, nehmt es auf den Arm, wenn es die Annäherung nicht möchte. Manchmal »tauen« die Kinder auf, wenn man sie ganz in Ruhe lässt.
- **Wenn es nervt:** Erinnert euch daran, dass das Kind gerade einen wichtigen Entwicklungsschritt macht. Es unterscheidet

zwischen Bekanntem und Unbekanntem und macht sich bereit, seine Umgebung zu erobern.

Die Frage hinter der Frage

Sind Kinder undankbar? Verwöhnt? Eigenwillig? Erschafft bindungs- und bedürfnisorientierte Erziehung kleine Tyrannen, die nach Belieben die Großeltern wegstoßen? Sollen wir den Kindern das Fremdeln abgewöhnen?

Nein, ganz im Gegenteil: Unsere Babys sind schlicht evolutionäre Erfolgsmodelle. Babys aller Kulturen »fremdeln« mehr oder weniger. Das Verhalten ist weniger stark in Kulturen, in denen die Kinder sich viel in der Gruppe aufhalten und mehrere Bezugspersonen haben. Es ist stärker, wenn Babys die meiste Zeit alleine mit dem hauptsächlich versorgenden Elternteil sind – häufig ist das bei uns noch die Mama. Auch das Temperament dürfte einen Einfluss haben: Schüchterne Babys suchen eher und länger den Schutz bei Mama als kleine Draufgänger. Aber das können sowohl Eltern als auch Kinder nicht beeinflussen – Temperament ist eine unbewusste Reaktion, die wir nicht kognitiv steuern können.

Kleine Homo-sapiens-Babys entwickeln gerade dann, wenn sie zunehmend mobil werden, eine leichte bis panische Angst vor Menschen. In Deutschland drehen sich viele Kinder zwar erst mit sechs bis acht Monaten, aber in anderen Kulturen krabbeln sie zu diesem Zeitpunkt schon.

Spätestens mit dem achten Monat dürften viele Babys theoretisch in der Lage sein, sich von den Erwachsenen wegzubewegen – und zwar heimlich, still und leise. Das Kind setzt sich damit verschiedenen Gefahren aus: Es könnte etwas essen, das giftig ist, irgendwo herunterfallen oder verloren gehen. Der Kinderarzt Herbert Renz-Polster summiert hier, dass die Kinder daher nun

Angst vor Neuem, Höhenangst und Trennungsangst entwickeln – alles Schutzmechanismen für einen kleinen Homo sapiens, der schon alles Mögliche kann, aber noch nicht alles weiß.

Aber warum haben sie Angst vor Familienmitgliedern, die sie vorher freudig begrüßt haben? Schauen wir genau hin: Babys fremdeln deutlich stärker gegenüber Männern als gegenüber Frauen. Sie fremdeln nicht gegenüber älteren Kindern.

Ein möglicher Grund dafür könnte sein, dass bei vielen Primaten ein noch nicht entwöhntes Baby durchaus Gefahr läuft und lief, das Ziel von Attacken zu werden. Angehörige der eigenen Art sind für sie nicht immer eine Lebensversicherung im Netzwerk, im Falle fremder Artgenossen können sie auch eine Bedrohung für das Überleben darstellen. Aber wie ist das beim Menschen? War der Infantizid, also die Kindstötung, auch in der Menschheitsgeschichte so dominant, dass unsere Babys das Fremdeln als Sicherheitsmaßnahme erlernt haben? Ist ein tiefes Vorurteil gegenüber Fremden, ja vor allen außer der eigenen Mutter, ein Teil ihres Lebensversicherungspaketes?

Ein Blick in die abendländische Kultur zumindest lässt aufhorchen: Unsere Weihnachtsgeschichte endet mit einem Massen-Infantizid. »Da Herodes nun sah, dass er von den Weisen betrogen war, ward er sehr zornig und schickte aus und ließ alle Kinder zu Bethlehem töten und an seinen ganzen Grenzen, die da zweijährig und darunter waren, nach der Zeit, die er mit Fleiß von den Weisen erlernt hatte« (Matthäus, Kapitel 2, Vers 16). Das Töten der eigenen Kinder zieht sich seit Jahrtausenden durch die abendländische Literatur und Geschichte: Mose wird in den Nil ausgesetzt, Abraham soll seinen Sohn Isaak töten. Der Titan Kronos tötet jedes ihm geborene Kind wegen der Prophezeihung, er werde durch die Hand eines seiner Nachfahren sterben. Ödipus wird vom eigenen Vater nicht geduldet und soll ertrinken. Und ja, bis heute sterben Kinder auch durch

Familienmitglieder, auch in unserem Land, auch in diesem Jahrhundert.

Die Anthropologin Sarah Bluffer Hrdy stellt daher die These auf: »Die sich abzeichnende Erkenntnis, dass Infantizid während der gesamten Hominidenevolution eine chronische Bedrohung dargestellt haben könnte, liefert somit einen weiteren denkbaren Grund, warum Fremde sinnvollerweise zum Angstrepertoire eines kleinen Hominiden zählen sollten.« Und der Zeitpunkt? Auch der ist gut gewählt: Es beginnt, wenn die ersten Bindungen etabliert sind und das Baby mobil wird. Und endet mit der theoretischen »Entwöhnung« – also mit 18 Monaten bis drei Jahren.

Es hat also nichts mit unserer Erziehung zu tun. Und wir tun den Kindern absolut keinen Gefallen, wenn sie »da jetzt aber mal durchmüssen«.

Was also tun?

Hier hilft tatsächlich vor allem Aufklärung: Es ist normal, es hat nichts mit dir als Person zu tun, das Kind kann es nicht steuern, es ist evolutionär tief verankert und – ein Segen für die überlasteten, primären Bezugspersonen, die das Kind in dieser Phase alleinig duldet – es geht vorbei. Ganz sicher.

Auf die Schnelle
Kompaktantworten rund um Betreuung

Ich könnte langsam gut ein bisschen Entlastung brauchen. Ab wann kann ich das Baby auch mal bei der Oma lassen und wie kann ich das gut einfädeln?

Babys fühlen sich wohl bei Menschen, zu denen sie eine sichere Bindung haben. Bindung bedeutet, dass ich mit allen meinen Gefühlen willkommen bin und der Kontakt zu meiner Bindungsperson auch unter Druck (etwa wenn das Baby weint, nicht schläft oder sich nicht beruhigen lässt) nicht abreißt. Sie entsteht durch zuverlässige, prompte, angemessene Reaktionen einer Person auf die Bedürfnisse des Babys und schlicht durch gemeinsam verbrachte Zeit mit vielen positiven Interaktionen wie spielen, kuscheln, essen – und so weiter. Es ist also ein bisschen wie beim Verliebtsein.

Die Antwort lautet daher: Das Baby sollte gemeinsam mit seiner primären Bindungsperson viel Zeit mit Oma verbringen, damit man sich kennen- und lieben lernen kann. Und dann hängt es noch vom Temperament des Kindes ab: Babys, die einen sehr vorhersehbaren Rhythmus haben, sich nicht leicht irritieren lassen und generell gut essen und schlafen, sind leichter an eine neue Bezugsperson zu gewöhnen als leicht irritierbare, unrhythmische Kinder. Außerdem kann es in der Fremdelphase ab etwa dem achten Monat schwieriger sein.

Bei uns steht die Suche nach einem geeigneten Krippenplatz an. Wie unterscheidet sich gute von schlechter Betreuung? Und woran erkenne ich das?

Eine gute Betreuung hat genug Raum, um auf die Bindungs- und Explorationsbedürfnisse der Kinder einzugehen. Darauf weisen einige äußere Rahmenbedingungen hin, wie zum Beispiel ein ausreichender Personalschlüssel und ausreichend Platz, Räume und Ausstattung der Einrichtung, sowie die Möglichkeit, dass die Kinder nach draußen gehen können. Gute Betreuung zeigt sich aber auch an der Haltung der Betreuenden, die den Kindern ein respekt- und liebevolles Auftreten entgegenbringen sollten. Gute Betreuung zeigt sich außerdem darin, dass die Mitarbeitenden gute Bedingungen haben, um überhaupt optimal arbeiten zu können: ausreichende Personalstärke, vernünftige Bezahlung, genug Pausen, Abdeckung von Urlaubs- und Krankheitszeiten und so weiter.

Woran erkenne ich das? Von außen in der Regel gar nicht (außer den Personalschlüssel, der lässt sich abfragen), oft zeigt es sich erst im Laufe der Zeit. Außerdem ist es immer möglich, dass sich das Kind von Freunden in der Kita pudelwohl fühlt, unser Kind aber mit dem Rhythmus, den Regeln oder den Menschen nicht klarkommt. Was hilft bei der Einschätzung?

- Das Konzept sollte grundsätzlich zu uns passen.
- Der Betreuungsschlüssel sollte ein »echter« Personalschlüssel sein, nicht aufgefüllt mit Hilfskräften.
- Die Arbeitsbedingungen der Betreuenden müssen eine gute Kinderbetreuung ermöglichen.
- Eltern und Kind sollten an einem Schnuppernachmittag hospitieren kommen können.
- Beim Kennenlerntermin sollten sich Eltern und Kind wohl und willkommen fühlen.

Woran merke ich, dass dem Kind die Betreuung zu viel ist? Ich habe Sorge, dass ich es abgebe und dann zu spät merke, dass es sich nicht wohlfühlt.

Dass dem Kind die Betreuungszeiten zu viel, zu lang, zu aufregend sind, können wir an ganz verschiedenen Dingen sehen:

- Das Kind geht nicht gerne in die Betreuung (siehe nächste Frage),
- es schläft schlecht,
- es isst schlecht,
- es ist auffallend quengelig,
- es ist schnell aufgewühlt, ängstlich, wütend oder weint schnell,
- es spielt deutlich mehr alleine, auch zu Hause,
- es ist unkonzentriert und lustlos,
- es will auch am Wochenende keine Ausflüge machen (siehe auch die Elternfrage *Ich komm nicht mit!*),
- es ist auch nach längerer Kita-Zeit immer wieder krank oder gar chronisch erkältet.

In all diesen Fällen hat das Kind schlicht zu viel Stress und wir sollten damit anfangen, am Nachmittag und am Wochenende unsere Zeit ruhiger zu gestalten und langfristig auch sehen, ob wir die Betreuung besser an das Kind anpassen können.

Wenn mein Kind beim Abgeben morgens weint und danach aber sofort spielt – ist das gut oder schlecht?

Morgens aus den Armen eines geliebten Menschen wegzugehen ist eine unangenehme Situation. Es ist einfach nicht schön. Wir Erwachsenen können das, aber Kinder sind im Hier und Jetzt, sie wollen bleiben, wo es gerade schön ist.

Wenn das Kind also beim Abgeben mal weint, ist diese Traurigkeit verständlich und okay. Wenn es danach aber sofort in eine andere »schöne« Situation findet, spielt und in Kontakt mit anderen Menschen geht, dann gehen Fachleute davon aus, dass es für das Kind okay ist. Die Frage, die dann noch bleibt, ist: Ist es für uns okay? Wollen wir das? Können wir das tragen? Oder gehen wir immer mit einem schlechten Gefühl?

Hinschauen müssen wir, wenn das Kind jeden Morgen über einen längeren Zeitraum weint, wenn es nicht ins Spielen kommt oder generell in der Früh nicht in die Betreuung gehen möchte. Dann ist der erste Schritt ein Gespräch mit den Fachkräften und die Frage, wie sie die Situation wahrnehmen und was wir gemeinsam tun könnten.

Unser Kind ist in der Kita, besonders nach dem Schlafen, sehr traurig. Kann er davon langfristigen Schaden erleiden? Sobald wir ihn abholen, ist er wieder glücklich.

Das Aufwachen nach dem Schlafen ist wie das Einschlafen ein sehr verletzlicher Moment. Unsere Schutzschilde sind dann nicht hochgefahren und wir zeigen uns, wie wir gerade sind: Fühlen wir uns wohl dort, wo wir sind, oder nicht? Es kann gut sein, dass das Kind beim Aufwachen lieber bei seiner Bezugsperson wäre und darum trauert, dass es nicht so ist.

Ob das Kind davon einen »Schaden« erleidet, kann man so pauschal nicht sagen. Wichtig ist zu beobachten: Wie geht es dem Kind sonst? Verändert es sich in der Betreuung oder blüht es auf?

Und auch in uns selbst dürfen wir hineinhorchen: Ist das okay für mich? Oder will ich dieses tägliche Weinen für mein Kind nicht und hole es deshalb für ein paar Wochen schon nach dem Mittagsschlaf in der Kita ab? Manchmal hilft es schon, nur einen kleinen Schritt zurückzugehen und den Kindern ein wenig mehr Spielraum und Zeit für Entwicklung zu ermöglichen – und dann bewältigen sie diese Meilensteine plötzlich problemlos.

Macht es einen Unterschied, ob das Kind bei uns zu Hause – ich bin im Homeoffice – von einer anderen Person betreut wird oder ob es in die Kita oder zu Tageseltern geht?

Ja, wahrscheinlich macht es einen Unterschied. Ich sage »wahrscheinlich«, weil die Frage ist: Ist die Bezugsperson für das Kind verfügbar, wenn es sie braucht? Dann ist es ja der Idealfall: Das Kind kann mit einer Betreuungsperson die Welt entdecken und wenn es Schutz und Halt bei seiner primären Bindungsperson braucht, dann ist sie jederzeit für es da. So ungefähr wäre möglicherweise die Jäger-und-Sammler-Situation gewesen, in der sich der Homo sapiens entwickelt hat: Mama oder Papa sammeln oder stellen Fallen und in der Zeit passt meine große Cousine auf mich auf. Und wenn ich weine, bringt sie mich zu meinen Eltern – voilà! Diese Situation ist deutlich anders als in einer externen Einrichtung, wo das Kind alle Konflikte ohne seine primären Bindungspersonen bewältigen muss.

Doch wir sollten nicht vergessen: Kinder können beides schaffen! Für manches Kind ist es besser, wenn Mama oder Papa immer greifbar sind, für andere ist es schrecklich, wenn sie »da« sind, aber an einem Rechner hängen und eigentlich nicht verfügbar sind. Dann kann die komplett externe Betreuung für alle entlastender sein. Es gilt wieder: Schauen wir auf uns und unser Kind, finden wir heraus, was zu uns passt, und probieren wir es im Zweifelsfall einfach auch mal aus.

Wie geht man damit um, wenn ein Kind gerne in die Kita geht, aber nach dem Urlaub oder längerer Schließzeit beinahe schon »neu eingewöhnt« werden muss?

Die Antwort auf diese Frage ist: Wir freuen uns! Denn es heißt, dass das Kind ein gutes Gespür dafür hat, was es braucht. Viele Kinder benötigen immer wieder einen neuen Anlauf, besonders, wenn sie klein sind. Das ist weder ein Problem der Betreuung noch der Familie, es ist einfach ganz normal, dass sie sich wieder eingewöhnen müssen. Wenn es irgendwie möglich ist, dem Kind diese Zeit zu geben und es immer wieder sanft einzugewöhnen (oft dauert es ja nur ein paar Tage), dann wird es sich mit der Zeit immer besser nach Pausen in seine Betreuung einfinden.

Mein artgerecht-Blick auf Kleinkinder

Kleinkinder werden in unserer Gesellschaft oft missverstanden: Sie werden als »kleine Tyrannen«, »Brülltüten« oder »Stinker« bezeichnet – nicht nur auf dem Spielplatz, sondern auch in Kindergärten und Bestsellern.

Mein Blick auf Kleinkinder ist ein anderer. Kleinkinder lernen gerade wichtige Schritte in ihrem Leben. Sie lernen vieles in den Jahren zwischen zwei und zehn, was sie ein Leben lang brauchen werden: Impulskontrolle (ich will etwas tun, aber ich sollte nicht), Empathie (ich fühle, dass dir das gerade zu viel ist), Theory of Mind (wahrscheinlich hat er das nicht mit Absicht gemacht) und rationales Denken (wenn ich jetzt nach Hause gehe, haben wir mehr Zeit zum Abendessen). Und sie lernen es nur durch viel Übung und gute Vorbilder.

Nehmen wir eine Situation aus dem Alltag als Beispiel. Ein Vater beklagte sich kürzlich darüber, dass sein zweijähriger Sohn sonntagmorgens immer laut durch die Wohnung fegt, obwohl der Vater ein Morgenmuffel ist und dementsprechend seine Ruhe und einen Kaffee haben will. »Ich habe den Eindruck, der macht das mit Absicht!«, klagt der Vater, »er weiß doch, dass mich das stört!«

Schauen wir genau hin: Morgens ist der Vater müde und möchte in Ruhe seinen Kaffee trinken – wie wahrscheinlich vor der Geburt des Kindes. Das Kind jedoch wacht auf und hat Energie. Es hört zwar, dass Papa noch müde ist, aber ihm fehlen a) die Impulskontrolle, seinen Bewegungsdrang zu unterdrücken, b) die

Empathie, um die Müdigkeit des Vaters nachvollziehen zu können, und c) die Einsicht (Theory of Mind), dass der Vater vielleicht sauer wird und dann noch weniger Lust hat, mit ihm zu spielen.

Wer aber hat all diese Eigenschaften? Richtig: der Vater. Er kann seinen Impuls, das Kind anzumeckern, unterdrücken, weil er emphatisch mitfühlen kann, dass ein Zweijähriger morgens toben will, und er kann die Einsicht haben, dass das Kind es nicht böse meint, sondern einfach mit Energie in den Tag startet.

Es sind zwei Sichtweisen auf die gleiche Situation – nur ist die eine Perspektive kulturell geprägt und die andere gehirngerecht. Ich entscheide mich immer für letztere, auch wenn sie für uns Erwachsene oft unbequem ist.

Denn oft wirken Kleinkinder ruppig, frech oder gezielt manipulativ. Wenn man schaut, was ihr kleines Gehirn gerade lernt und leisten kann, stellen wir jedoch fest, dass sie einfach nur soziale Wesen sind. Sie öffnen ihre Hand so oft, bis sie sich daran satt gesehen haben, wie Dinge herunterfallen. Sie ziehen so lange jemanden an den Haaren, bis sie gelernt haben, dass das nicht erwünscht ist und wie sie den Impuls, genau das zu tun, auf etwas anderes lenken können.

Ich werde in meinen Veranstaltungen häufig gefragt, ob Kleinkinder nicht einfach auch mal zurückstecken müssten? Schließlich sei das alles von den Eltern ziemlich viel verlangt? Nun, woher kommt es, dass sie uns zu viel sind? Es liegt daran, dass wir Großen nicht artgerecht leben. Wir sind zu viel mit unseren Kindern alleine, wir haben zu wenig Unterstützung, wir haben zu viel Zeitdruck, zu viel zu tun, zu viel Stress und niemanden, der sonntagmorgens fröhlich um 7:00 Uhr mit dem Zweijährigen Beeren sammeln geht, damit wir ausschlafen können. Aber dafür können die Kinder nichts, sie sind einfach perfekte kleine Wesen.

Die Elternfrage
Immer diese Ausbrüche

Mein Kind hat so krasse Nervenzusammenbrüche, etwa wenn es kein zweites Eis bekommt. Sie ist dann fix und fertig. Es fühlt sich so krass an, das auszuhalten und mein Nein »durchzuziehen«. Ich schaffe das oft nicht. Warum reagiert sie manchmal so extrem?

Nicolas Soforthilfe

Warum das Kind so ist? Stellen wir uns einfach ein junges, hochvernetztes Gehirn vor, das zwar dreimal so viele Neuronenverbindungen hat wie das unsrige und dadurch unglaublich schnell lernt (zum Beispiel eine zweite Fremdsprache). Aus demselben Grund arbeitet es aber leider auch sehr, sehr ineffektiv. Jeder Stressimpuls hat viele Wege, die er in diesem Gehirn findet, und jede Frustration ist ein Weltuntergang. Das liegt daran, dass das Gehirn des Kindes noch nicht die Erfahrung gemacht hat, dass die Welt in Wahrheit nicht untergeht, und die Nervenverbindung »Welt-kommt-wieder-in-Ordnung« noch nicht ausreichend klar ist.

Es braucht viele Übungsmomente, bis die wichtigsten Bahnen im Gehirn stabil funktionieren, Erfahrungen, bei denen das Kind erst lernt: dass man mit Frustration klarkommen kann, dass die Welt wider Erwarten doch nicht untergeht, dass es später noch Abendessen gibt und eine Menge mehr. Stellen wir es uns wie einen Wald vor, in dem noch nie jemand spazieren gegangen ist. Es gibt gute, ebene Verbindungen zwischen zwei Punkten und steinige, gefährliche. Wenn jemand wie wild in den Wald hineinläuft, gelangt er natürlich ständig auch in die steinigen, gefährlichen Ecken. Aber je öfter jemand die ebenen, sicheren

Verbindungsstrecken läuft, desto mehr entstehen erste kleine Trampelpfade, dann Wege, schließlich richtige breite Alleen, auf denen die Waldläufer (in unserem Fall die Nervenimpulse) sich bewegen können und wissen: Hier ist es sicher, das ist ein guter Weg.

Das Gehirn eines dreieinhalbjährigen Kindes ist so ein schöner Wald – mit ganz viel Potenzial für wunderbare Spazierwege, aber eben noch im Aufbau. Je öfter wir ruhig bleiben und dem Kind helfen, desto besser kann es lernen.

Die Frage hinter der Frage

Die eigentliche Frage ist die zweite, die angeklungen ist: Wie halte ich das aus?

Ein Kind in dem Alter braucht sehr viel Begleitung und eigentlich wäre es ideal, hätte es eine große Cousine oder einen anderen liebevollen Menschen, der den ganzen Tag auf den »kleinen Wilden« aufpasst und alles sanft abbiegt. Und dazu bräuchten wir noch einen Großelternteil, der mit endloser Geduld das Kind ablenkt, ihm alles erklärt, es beschäftigt – was wir in unserer Welt oft beides nicht haben.

Und da sehen wir wieder: Wir sind alle nicht artgerecht gehalten. Und an den Kindern merken wir es dann.

Was also tun?

Wenn wir wissen, dass die extremen Gefühlsreaktionen unseres Kleinkindes normal sind und dass Ruhe am meisten hilft, kann das hilfreich sein. Es hilft aber dann nicht, wenn wir einfach am Ende von Kraft und Nerven sind. Dann brauchen wir Hilfe – brauchen mehr Unterstützung und weniger Druck und Stress.

Diese Aufgabe können Eltern nicht allein in ihrer Familie

lösen, denn das heißt auch: bessere finanzielle Absicherung von Alleinerziehenden, qualitativ hochwertigere Betreuung und alles von der Steuergesetzgebung bis hin zur Stadtplanung konsequent familienfreundlich, damit wir diese hochgradig herausfordernden Zeiten gut durchhalten können.

Die Elternfrage
Soll ich rausgehen?

Ich habe mal gelernt, dass ich mich aus schwierigen Situationen zurückziehen soll, aus der Situation rausgehen. Jetzt heißt es bei dir, man soll Kinder nicht alleine lassen – wie kriege ich das zusammen?

Nicolas Soforthilfe

Es gibt zwei Arten von derart aufgeladenen Situationen:

a) Ich bin sauer, es ist schwierig, ich muss mich erst mal beruhigen.
b) Die Situation überfordert mich, ich bin kurz davor, mir oder dem Kind etwas anzutun.

In Situation a) bleiben wir beim Kind, vor allem, wenn es unter drei Jahre alt ist, denn wenn wir es verlassen – besonders wenn niemand sonst da ist und es unvermittelt allein bleiben muss – setzen wir es unter Bindungsstress. Das möchten wir lieber vermeiden. Also bleiben wir da, auch wenn es uns schwerfällt, und beruhigen uns am Orte des Geschehens, indem wir atmen, uns bewegen, ein Glas Wasser trinken, hüpfen, auf unseren Körper klopfen oder Ähnliches. Gleichzeitig können wir auch in Sichtweite etwas räumliche Distanz schaffen und das Kind absetzen, ein paar Schritte weggehen, woanders hinschauen, bis das Beruhigen geklappt hat.

In Situation b) gehen wir raus und nehmen aus Sicherheitsgründen in Kauf, dass das Kind unter enormen Stress gerät, denn wenn wir bleiben, wird es gefährlich. Diese Gefahr sollten wir unbedingt vermeiden.

Die Frage hinter der Frage

Wie gehen wir damit um, wenn wir überfordert sind? Warum sind Eltern so viel alleine mit ihren Kindern, obwohl bekannt ist, dass das für alle den Stress und damit Risiken erhöht?

Die Sicherheit des Kindes hat immer – besonders bei Säuglingen, die zum Beispiel durch Schütteln irreparable Schäden davontragen können – höchste Priorität. Eltern sollten in solchen Situationen also tatsächlich die Situation verlassen.

Die zweite Frage ist schwieriger zu beantworten. Es geht dabei auch darum, ob ich mich als Vorbereitung auf solche Situationen selbst optimieren muss, mit der besten Atemtechnik, Yoga und Nahrungsergänzungsmitteln, wie Eltern durch die Selbsthilfeindustrie oft suggeriert wird, oder ob an der gesamten stressigen Anforderungssituation etwas zu verändern ist. Ob einer der Elternteile Stunden reduzieren kann, ob es gerechtfertigt ist, eine Haushaltshilfe zu bezahlen, wenn doch (meist) Mama den ganzen Tag zu Hause ist, ob die Miete auch von zwei Teilzeitgehältern finanziert werden kann – und da wären wir wieder bei Fragen an die Politik …

Was also tun?

Wägen wir ab, was gerade schlechter für das Kind ist: Wenn wir gehen und es Angst hat oder wenn wir bleiben und der Situation nicht gewachsen sind. Falls wir regelmäßig in die Situation kommen, dass wir massiv überfordert sind, brauchen wir Hilfe und sollten sie uns auch besorgen.

Die Elternfrage
Ich will nicht!

Ich habe ein riesiges Problem mit meinem fast zweijährigen Sohn, der super wütend und aggressiv wird, wenn ich ihn wickle, anziehe oder Zähne putze. Er tritt mich brutal, windet sich und schreit. Wie reagiere ich da gut?

Nicolas Soforthilfe

Stellen wir uns einfach Folgendes vor: Wir leben in einem Haushalt mit zwei CEOs – also Geschäftsführenden –, die ständig alles entscheiden: wann und was wir essen, wann und wie wir rausgehen, wann und wie wir auf Toilette gehen, wann und womit und wie lange wir spielen, was wir anfassen dürfen und was nicht, wie wir mit anderen Menschen umgehen sollen, ob man die Katze streicheln darf und dass die Schippe nicht uns gehört, obwohl wir sie wirklich, wirklich zuerst gesehen haben! Außerdem zuppeln sie ständig an unserem Körper herum, ziehen uns an und aus, fuhrwerken mit Dingen in unserem Mund herum, cremen und pudern und sagen »Warte kurz!« und, und, und …

Irgendwann wird es uns zu viel. Irgendwann wollen wir nicht mehr. Irgendwann reicht es.

Natürlich ist es so, dass wir Kinder versorgen und erziehen müssen. Aber es kann wirklich nervig sein – für die Kinder. Sie sind oft ohnmächtig und überwältigt und das erzeugt Stress. Was können wir also tun?

Wir können möglichst viele der Situationen immer und immer wieder mit Spielen lösen!

- Wir stellen uns beim Anziehen doof an und lassen uns vom Kind erklären, wie das geht.
- Wir legen eine Anziehstraße aus Kleidungsstücken; wir ziehen das Kind als Puppe an; wir ziehen uns seine Sachen an (»Na so was! Das passt mir ja gar nicht!«) und machen so viel Quatsch wie möglich.
- Wir lassen das Kind aussuchen, was es selbst anzieht und was wir ihm anziehen.
- Wir lassen uns vom Kind die Zähne putzen oder lassen es auch mal ein paar Tage – besonders abends – sein, damit wir uns alle wieder entspannen. In dieser Zeit essen wir möglichst wenig Zucker und vertrauen darauf, dass die Zähne nicht in drei Tagen kaputtgehen. Wir putzen tagsüber, wenn alle gute Laune haben, statt abends, wenn alle müde sind.
- Wir lassen uns vom Kind schnappen beim Fangenspielen, umwerfen beim Kämpfen, besiegen bei der Kissenschlacht, niederringen beim Raufen und geben ihm das Gefühl, dass es auch mal der »starke Part« sein kann.
- Wir lassen das Kind möglichst viele Dinge selbst entscheiden, die es selbst entscheiden kann: Du sagst mir, welche Hose du willst, und erklärst mir, wohin sie gehört. Dafür helfe ich dir beim Anziehen.

Die Frage hinter der Frage

Wie viele Regeln müssen sein? Und müssen wir immer Eltern sein oder tut es manchmal auch die Clownsnase?

Wir sind oft sehr festgefahren in unseren Ideen davon, was sein muss. Dazu gehören auch viele Hygieneroutinen wie Badewanne, Haarewaschen, Zähneputzen, Kämmen, Händewaschen. Wir hinterfragen all das nicht mehr. Oft stellen wir erst im Austausch mit anderen Familien fest, dass unser Kleinkind gegen tägliches »Wasser marsch!« rebelliert und andere Eltern ihren Nachwuchs tatsächlich nur einmal pro Woche duschen oder ihm sogar nur alle vier Wochen die Haare waschen! Und wenn wir dann loslassen und uns selbst nicht mehr so ernst nehmen, kann sich die Situation oft erst entspannen. Dazu brauchen wir aber die Sicherheit, dass wir nicht die Kontrolle verlieren. Was allerdings nicht zu erwarten ist, denn nachsichtige, lustige Eltern haben oft sehr kooperative Kinder. Es gilt nicht, was wir oft hören, dass die Kinder uns dann »auf der Nase herumtanzen, wenn wir Regeln nicht durchziehen« – dafür gibt es keinerlei wissenschaftliche Beweise.

Was also tun?

Wir lassen los. Wir lassen Gras über die Sache wachsen. Wir atmen durch und was immer wir zurückschrauben oder spielerisch machen können, das machen wir. Dann werden auch die unumgänglichen Verrichtungen wie das Wickeln leichter. Und vielleicht stellen wir fest, dass unser Kind deshalb nicht mehr gewickelt werden will, weil es trocken werden möchte? Und dann ist sein Widerstand plötzlich ein Geschenk …

Die Elternfrage
Ohne mich kein Einschlafen

Mein Kleinkind schläft nur mit einer bestimmten Bezugsperson ein – wie gehe ich damit um? Wie gehe ich mit dem Frust des abgelehnten Elternteils um?

Nicolas Soforthilfe

Wir haben ja schon besprochen – siehe die Elternfrage zu Säuglingen, *Schlafen nie ohne Mama?* –, dass es normal ist, dass Kinder ihre primäre Bezugsperson in verletzlichen Situationen brauchen. Wenn eine Bezugsperson das Kind den größten Teil der Zeit versorgt, wird es sich ganz natürlich zu dieser hingezogen fühlen. Das Problem ist also nicht das Kind, sondern oft die Arbeitsaufteilung, der Lebensentwurf der Erwachsenen.

Und dann gibt es Kinder, die sich trotz hälftiger Aufteilung der Care-Arbeit in kritischen Situationen zu einer Bezugsperson stärker hingezogen fühlen, ihr mehr vertrauen, mit ihr sein wollen. Auch das ist völlig menschlich.

Wie gehen wir damit um, angesichts der Notwendigkeit von Entlastung und Arbeitsteilung in unserer Welt?

Wie immer, wenn wir abends oder nachts etwas erreichen wollen, müssen wir tagsüber ansetzen. Da ist die Frage aus Sicht des Kindes: Wer hilft mir in brenzligen Situationen, wem vertraue ich mich an? Vertrauen wächst mit der Zeit, mit positiven Erlebnissen und der Erfahrung, dass jemand immer für mich da ist. Je mehr positive, unterstützende Erlebnisse das Kind mit seiner Bezugsperson macht, desto stärker wird es ihr vertrauen.

Als Nächstes können wir uns der Einschlafsituation widmen. In vielen Familien sehen wir, dass Einschlafen mit einer anderen Bezugsperson oft nur klappt, wenn die primäre Einschlafbegleitung schlicht nicht da oder unerreichbar ist. Für Kind und Bezugsperson ist dann klar, dass wir hier nichts »versuchen«, sondern tatsächlich zusammen einschlafen. Und gleichzeitig – so widersprüchlich es sein mag – hilft es dann in der Situation selbst, keinen Druck zu machen. Gut ist, wenn das Kind nicht um eine bestimmte Uhrzeit schlafen muss, sondern wir einfach so lange vorlesen, kuscheln und quatschen können, bis es in unserem Arm vor lauter Langweile und Seligkeit einschläft. Je weniger Programm wir machen, je weniger Druck wir haben und je zugewandter, aber langweiliger wir sind, desto besser wird es klappen.

Vermisst das Kind seine primäre Bezugsperson, ist es wichtig, das zuzulassen. Statt dass wir sagen: »Aber schau, mit mir ist es doch auch ganz prima!«, können wir das anerkennen und sagen: »Ja, das verstehe ich, heute ist sie nicht da, das magst du nicht … doch wir schaffen das auch zu zweit – komm, ich lese noch ein wenig vor.«

Manchen Kindern hilft die klare Abgrenzung: »Sie kommt erst morgen früh, wenn wir geschlafen haben«, und anderen hilft mehr Freiheit »Du kannst auch so lange wach bei mir bleiben, bis sie da ist«, um dann doch einzuschlafen. Das müssen Eltern ausprobieren. Schon manch Zweijähriger kann erstaunlich lange wach bleiben, bis Mama zurückkommt, andere schlummern irgendwann doch einfach ein.

Wichtig ist: Versuch und Irrtum sind erlaubt. Wenn ein Baby oder Kleinkind mehr als 20 Minuten weint, sollten wir den Versuch – so möglich – abbrechen. In diesem Fall lässt sich das Kind nicht in angemessener Zeit von seiner zweiten Bezugsperson beruhigen und ist vielleicht einfach noch nicht so weit.

Die Frage hinter der Frage

Können wir es aushalten, die zweite Geige zu spielen?

Können wir es aushalten, dass ein Kind seine primäre Bezugsperson so sehr braucht, dass es in seinem schwächsten Moment, kurz vor dem Einschlafen, nur mit ihr klarkommt? Können wir die Angst aushalten, dass es »für immer« so ist? Denn diese Angst hat sowohl der vorgezogene, oft erschöpfte Elternteil als auch der abgelehnte und zurückgewiesene Elternteil. Die gute Nachricht ist: Es wird natürlich *nicht* für immer so sein. Aber wir können es nicht erzwingen, wir können es nur Stück für Stück üben, abwarten, ausprobieren, erneut üben. Wenn wir keine Zeit haben oder ein Elternteil plötzlich ins Krankenhaus muss, können es ein oder zwei schwere Nächte werden, aber auch dann wird das Kind es lernen. Wenn die Entwicklung allerdings so schnell stattfinden muss, fallen manche Kinder später wieder dahinter zurück oder klammern sogar noch mehr. Daher lohnt es sich, frühzeitig Zeit zu investieren.

Was also tun?

Schauen wir unser Kind an: Schafft dieses Kind die Ablösung jetzt? Ist es der richtige Moment? Wenn wir keine Wahl haben: Wie können wir es dem Kind so einfach wie möglich machen, so viel Druck wie möglich aus der Situation nehmen? Und wir sollten immer beachten, dass es Kinder gibt, für die das überhaupt kein Problem ist, während unser Kleines völlig die Fassung verliert und sich die Augen ausweint – das hat nichts mit unserer Erziehungsleistung zu tun, sondern vor allem mit den unterschiedlichen Persönlichkeiten unserer kleinen Menschen.

Die Elternfrage
Schlaflos im Familienbett

Mir ist einleuchtend, dass ein kleines Kind nicht allein schlafen mag und dass die »gemeinsame Höhle« ganz viel Sinn ergibt. Wie mache ich es aber, wenn wir zwar ein tolles Familienbett haben, die Geschwister sich aber ständig gegenseitig am Einschlafen hindern und nachts wecken?

Nicolas Soforthilfe

Es hilft nichts – Schlaf ist wichtig.

In vielen Familien wecken sich die Geschwister zumindest nachts nicht – sie lernen schnell, dass es »nur« das Geschwisterchen ist, das kurz weint, und schlafen dann weiter. Sollte es aber nicht so sein, dann müssen wir handeln, denn Schlaf ist lebenswichtig für alle.

Viele Familien, denen es so geht, entzerren die Schlafsituation für ein paar Monate. Vielleicht kann ein Elternteil mit einem Kind in ein anderes Zimmer umziehen. Oder einen Teil der Nacht woanders verbringen? Das wäre eine große Hilfe. Außerdem brauchen die Kinder die klare Information, dass es nicht geht, einander am Einschlafen zu hindern. Aber wenn wir zum Beispiel zwei Kinder unter drei Jahren haben, fehlt ihnen schlicht – besonders abends – die Impulskontrolle, ihr Geschwister nicht zu wecken. Dann hilft es nur, die Kinder entweder getrennt ins Bett zu bringen oder ein Arrangement zu finden, das beide beruhigt. Wir können zum Beispiel das kleine Kind in den Schlaf tragen (und vielleicht auch dabei stillen) und dem großen Kind im Dunkeln eine Geschichte erzählen. Wenn wir Licht anhaben, wird es wach bleiben. Aber wenn jemand im Dunkeln hin und her läuft, beruhigend spricht und alles ruhig und kuschelig ist, dann kann es gut sein, dass auch das große Kind zumindest bettschwer wird und sich einkuscheln lässt, sobald wir das Kleine schlafend abgelegt haben.

Eine weitere Option ist es, folgende Dinge zu prüfen:
- Sind die Kinder beide (!) müde?
- Haben sich die Kinder tagsüber genug bewegt?
- Sind die Kinder vielleicht schon »drüber«, also über ihren Müdigkeitspunkt, und kommen deshalb nicht runter?
- Damit sie sich nachts nicht wecken: Hilft eventuell ein Schnuller, ein Kuscheltier, schnelleres Stillen, eine andere Schlafkonstellation?

Die Frage hinter der Frage

Wie wollen wir leben? Wie viel Unterstützung haben wir? Wie »perfekt« wollen wir Konzepte (wie das Familienbett) durchziehen, wenn es für uns nicht passt?

Aber auch: Wie teilen wir die Care-Arbeit auf und wie können wir einander durch die schwierigen Phasen der Kinder begleiten? Das sind alles Fragen, die wir uns stellen können und die uns helfen werden, Lösungen zu finden – oder auch einfach durchzuhalten.

Was also tun?

Wir dürfen mit Versuch und Irrtum herausfinden, was für uns und die Kinder funktioniert. Und wir müssen kein Familienbett haben, wenn es alle stresst.

Die Elternfrage
Lange stillen

Was mache ich, wenn das Kind mit 20 Monaten immer noch am liebsten Tag und Nacht stillen will? Wie kann ich das reduzieren?

Nicolas Soforthilfe

Die erste Frage, die ich mir stellen muss, ist diese: Was will ich?

In der Frage oben lese ich heraus, dass die Stillende es nicht mehr möchte. Für die Kinder wiederum ist die Sache oft sehr einfach: Muttermilch ist eine großartige Nahrung. Sie ist gesund, lecker, warm, kuschelig und immer verfügbar. Außerdem ist sie einfach das, woran die Kinder aus der Säuglingszeit gewöhnt sind. Manche Kinder finden Essen großartig, andere finden es lästig und haben einfach keine Zeit dafür, die Welt ist viel zu spannend!

Wenn eine Stillende das Stillen reduzieren oder, etwa in der Nacht, ganz aufgeben will, müssen drei Dinge erfüllt sein.

1. Wir müssen tagsüber üben.
2. Essen sollte lecker und ausreichend häufig verfügbar sein.
3. Die Stillende muss eine innere, klare Entscheidung treffen, denn das Kind wird danach fragen.

Sowohl kleine Primaten als auch kleine Homo-sapiens-Kinder kämpfen teilweise mit harten Bandagen um Muttermilch. Von kleinen Affen wird berichtet, dass sie Verletzungen vortäuschen, ihre Mütter ausgiebig beharken oder sogar heimlich bei der schlafenden Mutter trinken, wenn sie abgestillt werden sollen. Auch kleine Menschenkinder können mit lautstarkem Protest bis hin zu Wutanfällen reagieren. Darauf müssen wir uns einstellen und deshalb ist eine klare Entscheidung so wichtig. Das heißt nicht, dass wir von einem auf den anderen Tag abstillen müssen, aber wir sollten uns ein paar Regeln überlegen:

- Bevor du die Brust bekommst, isst du etwas – bitte beiß hier ein paarmal von der Banane ab.
- Wir stillen nur noch an bestimmten Orten (zum Beispiel zu Hause) und zu bestimmten Zeiten (zum Beispiel bei Tageslicht).
- Ich trage keine Stillkleidung mehr, sodass die Brust auch nicht mehr so einfach verfügbar ist.
- Ich vermeide Still-Situationen, also etwa das Tragen vorne in der Trage, das gemeinsame Sitzen auf dem Stillsessel.

Wie streng müssen wir die Regeln durchziehen? Manche Eltern sagen, es hätte ihnen geholfen, dass sie einfach von einem auf den anderen Tag konsequent gewesen sind. Anderen hilft es, dem Kind in stressigen Situationen noch einmal entgegenzukommen (und beispielsweise auf dem Spielplatz zu stillen), sonst aber dabei zu bleiben. Wie eine Familie das macht, muss sie selbst herausfinden. Wichtig ist, dass ein 20 Monate altes Kind, das noch stillen will, in unserer Welt nicht mehr stillen muss – es kann prima auch ohne oder mit deutlich weniger Muttermilch gesund aufwachsen. Und da Stillen eine Form von Beziehung ist, nämlich eine Stillbeziehung, gehören immer zwei dazu, die sich mit dem Arrangement wohlfühlen müssen. Fühlt sich eine Partei nicht mehr gut dabei, muss etwas Neues ausgehandelt werden.

Die Frage hinter der Frage

Darf unser Kind sauer sein, wütend und frustriert, weil wir ihm etwas vorenthalten, was wir ihm ja eigentlich geben könnten (die Muttermilch ist ja da)? Das ist die Frage, die sich viele Eltern stellen. Die Antwort lautet: Ja, darf das Kind, dürfen wir.

Es fühlt sich komisch an, aber eigentlich können wir es dem Kind ja gar nicht geben. Denn die innige Verbindung beim Stillen ist nur dann gut, wenn wir aus vollem Herzen geben. Und wenn wir nicht mehr wollen, dann ist es wichtig, das zu kommunizieren, sonst lernt das Kind mit seinen feinen Antennen: Hier geht jemand über seine Grenzen. Und das ist keine gute Lektion.

Daher ist es völlig okay, zu sagen: »Ich will das nicht mehr«, und dann das Kind zu begleiten. Kinder wissen, was sie wollen, aber nicht immer, was sie brauchen. Dafür haben sie uns – und dieses Kind braucht jetzt einfach mehr feste Nahrung und weniger Muttermilch.

Was also tun?

Wir treffen eine Entscheidung, erklären sie unserem Kind in kurzen, kindgerechten Worten, üben mit dem Kind und wappnen uns dafür, dass es diese Idee unter Umständen nicht gut findet. Und dann lernen wir alle, dass es sich wie ein Weltuntergang anfühlt, aber in der Regel keiner ist.

Die Elternfrage
Abstand zwischen Geschwistern?

Was ist der richtige Altersabstand zwischen den Geschwistern? Gibt es auch einen zu großen Abstand oder kann man das aus dem Bauch heraus entscheiden? Und was mache ich, wenn am Ende der Abstand zu gering ist, es total anstrengend ist und immer Streit gibt?

Nicolas Soforthilfe

Die Antwort auf all diese Fragen beruht auf einem Blick in die Geschichte der Menschheit:

Wir sind eine kooperativ aufziehende Art, die seit jeher in Gruppen lebt. Schaut man mal nüchtern und biologisch auf das Thema Altersabstand, müssen wir uns eines klarmachen: Geschwister kämpfen seit Jahrtausenden vor allem um Ressourcen – je näher sie altersmäßig aneinander sind, desto mehr.

Evolutionär gesehen ist die Geburt eines Geschwisterchens für Kinder vor allem bei Nahrungsknappheit ein schwieriges Ereignis gewesen. Jahrtausendelang war eine neue Schwangerschaft gleichzeitig für das jüngste Kind die Zeit der Entwöhnung von der Muttermilch. Denn jetzt brauchte das neue Baby die Brust. Das größere Kind musste auf ausschließlich feste Nahrung umgestellt werden, aber diese war lange nicht so attraktiv wie Muttermilch, vor allem war sie nicht so bedingungslos verfügbar. Damit wurde das Kleinkind in Krisensituationen von seiner lebenswichtigen Zusatznahrung abgeschnitten und ebenso von der immunologischen Unterstützung durch die Mutter – und damit anfälliger für Krankheiten.

In traditionellen oder tribalistisch lebenden Kulturen beträgt der Abstand zwischen zwei Kindern darum in der Regel mindestens 33 Monate und bis zu vier Jahre.

Heute geht es natürlich weniger um Nahrung als vielmehr um Aufmerksamkeit und Zeit. Studien zeigen, dass Erstgeborene häufig einen leicht höheren IQ haben als ihre nachfolgenden Geschwister – und das in der heutigen Zeit, in der es an Ressourcen eigentlich nicht mangeln sollte. Forschende schätzen, dass der kleine, aber feine Unterschied dennoch daran liegt, dass das erste Kind nun mal die ganze Aufmerksamkeit der Eltern bekommt. Dass es um diese Ressourcen kämpft, kann man ihm kaum verdenken. Wie heftig dieser Kampf ausgefochten wird, hängt stark davon ab, wann Kinder ihr nächstes Geschwisterkind bekommen.

Studien zeigen auch, dass Kinder, die weniger als drei Jahre auseinander sind, sich häufiger streiten, mehr im Wettstreit miteinander sind und aggressiver miteinander umgehen. Aber sie gehen oft auch später eine intimere, engere Beziehung miteinander ein, wenn es ihnen grundsätzlich miteinander gut geht. Das Argument: »Lieber ein möglichst kleiner Altersabstand, dann spielen sie besser miteinander« hat also durchaus seine Berechtigung. Allerdings riskieren wir, dass sich die Kinder, besonders wenn sie sehr klein sind, viel und aggressiv streiten. Das leuchtet ein: Wenn wir zwei sehr bedürftige Wesen in der Familie haben, die beide eigentlich viel von ihrer primären Bezugsperson brauchen, sind Streit und Frust vorprogrammiert.

Ein 18 Monate altes Kind ist selbst noch ein Baby, auch ein zweijähriges Kind ist noch sehr von der Bindung zur Mutter abhängig. Erst ab dem dritten Jahr lösen sich die Kinder, Mädchen oft früher, Jungen gerne auch später. Offenbar macht es einen großen Unterschied, ob die Bedürfnisse des ersten Kindes nach Sicherheit, Bindung und ungeteilter Aufmerksamkeit schon grundlegend erfüllt werden konnten, bevor es seine primäre Bezugsperson mit einem Neuankömmling teilen muss.

Die Autorin und Psychologin Laura Markham schreibt darüber, wie wichtig es ist, ob ein Kind schon seine eigenen Bedürfnisse für einen noch bedürftigeren Säugling aufschieben und warten kann. Und sie gibt zu bedenken: »Es geht darum, welche unbewussten Schlüsse es zieht über seinen eigenen Wert und die Vertrauenswürdigkeit von anderen, während es wartet.« Kleine Kinder sind darauf angewiesen, dass wir ihre Bedürfnisse nach Nähe, Zuwendung, Essen, Wärme und Trost sofort erfüllen. Es ist wissenschaftlich längst erwiesen, dass Kinder stabiler, gesünder und fröhlicher werden, wenn ihre Bindungsbedürfnisse als

Kleinkinder erfüllt werden. Wenn ein selbst noch kleines Kind immer warten – und dann gegebenenfalls auch weinen – muss, bevor es auf Mamas Schoß oder an Papas Teller darf, dann prägt das seine Persönlichkeit. Natürlich ist es sinnvoll, wenn Kinder warten lernen. Aber dieser Lernprozess muss an ihr Temperament und ihr Alter angepasst sein. Wie schnell gerät ein Kind außer sich, wenn es warten muss? Wie sicher kann das Kind sein, dass es bekommt, was es braucht? Je älter Kleinkinder sind, wenn ihr Geschwisterchen geboren wird, desto leichter kommen sie damit zurecht. Und wann sie alt genug sind … das ist von Kind zu Kind unterschiedlich.

Die Frage ist eigentlich: Wie lange kann mein erstes Kind schon warten, um seine Bedürfnisse erfüllt zu bekommen – und kann wiederum ich in dieser Zeitspanne einem zweiten, extrem bedürftigen kleinen Menschenkind seine Bedürfnisse erfüllen? Und habe ich dann noch Platz für meine eigenen Bedürfnisse?

Wenn ich einen großen Clan und starke, sekundäre Bindungspersonen habe, kann es viel früher möglich sein, mehrere kleine Kinder gut zu versorgen, als wenn ich zehn Stunden am Tag mit den Kindern alleine bin. Wenn ich ein sehr bedürftiges High-Need-Baby habe, dann sieht die Situation völlig anders aus, als wenn ich ein ohnehin sehr unkompliziertes, flexibles Erstgeborenes habe, das schon früh Belohnungen und Bedürfnisse gut aufschieben kann.

Die Frage hinter der Frage

Das sind ja interessante Infos, aber was, wenn das Kind nun schon mal da ist?

Ich fühle mit allen Eltern, denn obwohl meine Kinder drei Jahre auseinander sind, habe ich recht schnell verstanden, dass es für mein Erstgeborenes trotzdem noch zu früh war. Aber nun können wir das Geschwisterchen ja nicht mehr weghexen.

Das müssen wir auch nicht. Was wir tun können, sind folgende Dinge:

- Uns so viel Hilfe holen wie möglich.
- Dem »großen« Kind so viel Einzel-Zuwendung geben wie möglich.
- Wissen, dass der Streit, die anstrengende Phase, nicht daran liegt, dass unsere Kinder nicht okay sind oder dass wir etwas falsch machen, sondern daran, dass es einfach für alle eine unnatürliche Situation ist – vor allem mit so wenig Unterstützung, wie wir oft haben.

Das hilft uns, gelassener und langmütiger mit den Kindern zu sein, besonders mit den vermeintlich »großen« Geschwistern, die ja oft selbst erst 18 Monate, zwei oder drei Jahre alt sind. Und es hilft uns hoffentlich, so viel Hilfe von außen einzufordern und so oft fünf gerade sein zu lassen, wie es nur geht, damit wir so wenig Stress wie möglich haben.

Was also tun?

Das Wichtigste ist, dass wir uns immer wieder klarmachen: Es liegt nicht an den Kindern. Es liegt nicht an uns. Es lohnt nicht, sich um Dinge zu grämen, die wir nicht ändern können. Es lohnt aber sehr, die Dinge mit neuen Augen zu sehen, die Kinder und uns selbst zu verstehen und danach zu handeln.

Die Elternfrage
Am Tisch bleiben

Uns Eltern ist das gemeinsame Familienessen sehr wichtig, aber es klappt nicht unbedingt, wie wir es uns vorgestellt haben. Müssen Kinder am Tisch sitzen bleiben, bis alle gegessen haben – und können sie das überhaupt?

Nicolas Soforthilfe

Ich habe eine gute Nachricht: Kinder unter zwei Jahren müssen gar nicht am Tisch sitzen bleiben – sie dürfen gehen, sobald sie fertig gegessen haben. Kinder ab zwei Jahren sollten wir maximal 20 Minuten am Tisch festhalten, danach sollten sie gehen dürfen. Warum? Am Tisch besprechen Erwachsene oft langweilige Dinge oder stellen lästige Fragen – das führt nicht dazu, dass Kinder diese Situation besonders toll finden. Wir können also entweder die Situation so spannend machen, dass die Kinder von selbst bei uns bleiben wollen, oder sie einfach ziehen lassen. Beides ist völlig okay.

Die Frage hinter der Frage

Wie bedeutsam ist ein gemeinsames Essen?

Wir haben alle schon einmal gelesen, dass ein gemeinsames Essen für die Familie wichtig ist und ebenfalls für die Entwicklung der Kinder. Das ist auch richtig. Gleichzeitig dürfen wir nie vergessen, dass alles, was wir mit Zwang durchsetzen, nicht mehr positiv besetzt ist. Jesper Juul empfiehlt in seinem Buch »Essen kommen«, dass wir die gemeinsamen Mahlzeiten zu einem so schönen Punkt am Tag machen, dass alle gerne dazukommen. Dazu gehört:

- Gemeinsam einkaufen
- Gemeinsam kochen
- Über das Essen sprechen – was magst du, warum magst du manches nicht, was könnten wir noch ausprobieren?
- Eine ruhige Essenssituation
- Wenig Regulierung beim Essen, abgesehen von den einfachen Tischmanieren. Kein ständiges »Sitz gerade! Halt die Gabel so!«
- Die Freiheit, den Tisch auch zu verlassen
- Spannende, lustige, nette Gespräche (ich hatte oft einen Witzekalender am Tisch liegen. Wenn ich als alleinerziehende Mutter so erschöpft war, dass mir nichts mehr einfiel, haben wir einfach Witze gelesen und uns amüsiert)

Was also tun?

Wir entspannen uns. Gemeinsam zu essen ist wichtig, aber kleine Kinder sind damit oft überfordert – die Welt ist einfach zu spannend. Unsere Aufgabe ist es, ihnen grundsätzliche Tischmanieren beizubringen und gleichzeitig genug Freiheit zu lassen, dass gemeinsames Essen keine lästige Pflichtveranstaltung wird, sondern ein Ort gemeinsamer Freude.

Die Elternfrage
Angst vor dem Arztbesuch

Wir waren wegen einer Platzwunde in der Kinderklinik und dort haben sie mein Kind für die schmerzhafte Behandlung festgehalten, obwohl es geschrien und sich gewehrt hat. Seitdem hat es schreckliche Angst vor jedem Arztbesuch.

Sogar wenn es sich das Knie aufschlägt, verliert es vor Panik die Kontrolle – keiner außer mir darf auch nur ein Pflaster draufkleben. Was mache ich jetzt?

Nicolas Soforthilfe

Das Kind hat etwas erlebt, das es noch nicht verarbeitet hat, das sich als »negative Erinnerung« in seinem Gehirn verankert hat. Nach dem Gehirnforscher Daniel Siegel und der Therapeutin Tiny Bryson gibt es zwei Schritte, um das zu integrieren:

1. **Den Schmerz zulassen:** Wir lassen das Kind die Situation immer wieder erzählen, nachspielen oder erzählen sie ihm: „Als du dir den Kopf verletzt hattest, sind wir in die Kinderklinik gefahren. Dort hat uns erst eine freundliche Sprechstundenhilfe aufgenommen und dann sind wir ganz schnell zum Arzt gekommen. Dann …«

   Wichtig: Das Kind darf »Stopp!« sagen, wenn es etwas nicht hören will: »Der Arzt hat dich festgehalten …« »Stoooopp!!!« »Okay … wo soll ich weitererzählen?«

   Es darf zu dem Moment vorspulen, an dem die Geschichte weitererzählt werden darf: »Danach sind wir in den Wald gegangen und haben eine Weile still den Vögeln zugeschaut, um den Schreck erst mal zu verarbeiten« (das darf auch der jetzige Moment sein: »Und jetzt liegst du sicher in meinem Arm«).

   Wir sprechen langsam und lassen dem Kind den Raum, jederzeit zu stoppen oder vorzuspulen, um unangenehme Dinge zu überspringen.

   Wichtig: Wir beenden die Geschichte immer mit einem guten Ende – und wenn es das ist, dass wir jetzt mit dem Kind hier sicher und warm sitzen und uns Geschichten erzählen. So verankern wir im Gehirn das gute Ende.

2. **Das Schmerzerleben überschreiben:** Wir machen dem Kind in seinem Alltag und unserem Leben die guten Erfahrungen immer und immer wieder bewusst, sodass wir die Erinnerungen integrieren. Wir erreichen das nicht durch »toxische Positivierung« (so zu tun, als wäre nichts Schlimmes passiert), sondern indem wir Fragen stellen, das Kind zum Wiedererinnern ermutigen, uns seine Erfahrungen anhören und auf besondere Ereignisse hinweisen. Dann können wir die positiven Dinge in der Erinnerung unseres Kindes verankern, damit die natürliche Tendenz des Gehirns, sich auf das Negative zu konzentrieren, nicht die Oberhand gewinnt.

Die Frage hinter der Frage

Ist ein Gesundheitssystem möglich, in dem Kinder weniger schlimme und schmerzhafte Erfahrungen machen?

Wenn ich mit Kinderärzten spreche, dann höre ich immer wieder, dass sie ja gerne anders mit den Kindern umgehen wollen, aber einfach nicht die Zeit haben. »Zwölf Minuten für eine Vorsorge – da muss die körperliche Untersuchung schnell gehen«, erzählen sie mir. Es ist also unsere Aufgabe als Gemeinschaft, dieses System zu verändern, damit es allen besser geht.

Was also tun?

Wir können schlechte Erfahrungen im Leben unserer Kinder nicht verhindern, so gerne wir es möchten. Manche Dinge entziehen sich unserer Kontrolle, wir sind nicht da, reagieren nicht schnell genug, können es nicht stoppen. Besonders Eltern von chronisch kranken Kindern kennen dieses Dilemma.

Aber wir sind nicht hilflos: Wir können unseren Kindern helfen, auch schlimme Erinnerungen zu bearbeiten, zu integrieren, und ihrem Gehirn beibringen, sich nach der Integration mit neuer Kraft wieder den positiven Aspekten des Lebens zuzuwenden.

Die Elternfrage
Sexuelle Entwicklung

Ich wüsste gern etwas zum Thema Selbstbefriedigung bei Kleinkindern. Damit fühle ich mich völlig überfordert, weil ich nicht wusste, dass das so früh schon möglich ist. Die Kita hat uns als Eltern darauf aufmerksam gemacht. Unsere Tochter ist etwas über drei Jahre alt und sie tut »es«, seit sie etwa zwei Jahre alt war.

Nicolas Soforthilfe

1. Masturbation ist ein normales Verhalten bei Menschen und vielen Säugetieren und wirkt entspannend und gesundheitsfördernd.
2. Menschliche Nachkommen können bereits im Mutterleib beim Masturbieren beobachtet werden, meistens beginnen sie mit ca. zwei bis zehn Monaten (da ist es noch schwer nachweisbar, da kaum sichtbar), mit einem Peak bei etwa vier Jahren.
3. Die Kinder masturbierten in einer Studie zwischen einmal pro Woche und zwölfmal am Tag und in der Dauer zwischen 30 Sekunden und bis zu zwei Stunden.
4. Einige Kinder masturbieren nach Studienlage besonders viel, wenn sie sich langweilen, zum Beispiel im Autositz.

5. Bei kleinen Jungs sieht man es häufiger, weil sie ihre Genitalien dabei berühren – das heißt aber nicht, dass sie es häufiger tun.
6. Es hat nichts mit erhöhten Sexualhormonen zu tun und es gibt keine Hinweise darauf, dass die Kinder eine sexuelle Störung haben (wir gehen davon aus, dass wir Missbrauch ausschließen können).
7. Für die Kinder ist es ein Weg, sich zu beschäftigen oder zu entspannen – wie Daumenlutschen.
8. Kinder zeigen unwillkürliche Muskelkontraktionen, Grunzen, Schaukeln, Schwitzen, bekommen ein rotes Gesicht und »neigen dazu, hinterher einzuschlafen«, wie die Wissenschaft trocken konstatiert.
9. Eltern, die ihr Kind dabei beobachten und es als Selbstbefriedigung erkennen können, können sich glücklich schätzen, denn es wird auch oft als Krampfanfall, Dystonie oder Bauchweh missverstanden und dann unnötig behandelt und medikamentiert.

Es gibt keinen Handlungsbedarf – das Kind darf tun, was ihm guttut.

Die Frage hinter der Frage

Hat ein Kleinkind, das sich selbst befriedigt, so etwas wie »Sex« – und ist das nicht ein bisschen früh?

Grundsätzlich gilt: Sexualität und gute Gefühle, die der eigene Körper erzeugt, spielen in jedem Alter eine Rolle – und zwar ab der Geburt. Kinder suchen viel offener danach, wo ihr Körper ihnen gute Gefühle ermöglicht. Unsere Aufgabe ist es, diese Wohlfühlmomente nicht zu tabuisieren, aber ihnen beizubringen, dass es für bestimmte Handlungen in unserer Kultur private Räume gibt, in die sie gehören.

Was die Selbstbefriedigung selbst angeht, wissen wir, dass sie eine gesunde, gute Sache ist. Wir tun es, weil es einen Belohnungseffekt hat und dem Körper hilft, ins Gleichgewicht zu kommen. Sie reguliert den Hormonspiegel, macht gute Laune, reduziert Stresshormone und damit Wut, Ängstlichkeit oder Druck und sorgt für guten Schlaf. Wir schütten unsere eigenen Kuschelhormone und Glückshormone dabei aus, wir fühlen uns gut dank erhöhtem Serotoninspiegel und produzieren Stoffe, die Entzündungen, Schmerzen und den Stoffwechsel beruhigen. Wir stärken die Herz-Kreislauf-Funktion, lernen besser und senken unseren Blutdruck.

Uns hat man erzählt, daran sei etwas Schlechtes? Wissenschaftlich ist davon nichts nachweisbar – bis auf den Fakt, dass viele Menschen erzählt bekommen haben, dass sie sich für Masturbation oder nur den Gedanken daran schämen müssten. Es sind diese Gedanken, die sie bei der Selbstbefriedigung unter Stress setzen.

Was also tun?

Wir lassen das Kind tun, was das Kind tut. Wir schützen unser Kind davor, sich schlecht zu fühlen für etwas, das völlig natürlich ist, und bringen ihm bei, was in unserer Kultur angemessen ist. Wir schauen, ob es sich unter Umständen doch um einen Krampfanfall, Epilepsie oder Bauchweh handelt. Wenn nicht, dann dürfen wir loslassen, uns ein Beispiel an unserem klugen Kind nehmen und uns entspannen – wie auch immer.

Die Elternfrage

Schon trocken, doch nicht ganz

Mein Kind, fünf Jahre alt, geht meist zu spät auf die Toilette und es geht häufig schief. Manchmal landet ein Teil des großen Geschäfts in der Hose, eine Bremsspur ist immer im Schlüpfer ... Gesundheitlich ist alles abgeklärt. Wie sollte ich mich verhalten?

Nicolas Soforthilfe

Die interessante Frage ist aus meiner Sicht: Wie kommt es, dass *es* noch »in die Hose geht«, obwohl das Kind eigentlich schon weiß, wohin es gehört, merkt, wann es kommt, und auch in der Lage wäre, es zu beachten?

Es gibt natürlich 100 theoretisch mögliche psychologische Ursachen, aber als Freundin der Wissenschaft bin ich auch – nach »Ockhams Rasiermesser« – eine Freundin der naheliegenden, einfachen Antworten. Das nach Wilhelm Ockham benannte Prinzip aus dem 13. Jahrhundert besagt, dass von mehreren möglichen Erklärungen immer die einfachste Theorie vorzuziehen ist und damit die Theorie, die möglichst klar und logisch ist.

Die Erfahrung zeigt, dass es im Falle eines noch nicht trockenen Kindes tatsächlich ganz simpel sein kann: Das Kind merkt, dass etwas kommt, aber es ist mit so wichtigen Dingen beschäftigt, dass es den Gang ins Bad so lange hinauszögert, bis es nahezu »zu spät« ist.

Was hilft?

Schimpfen hilft nicht. Belohnen könnte helfen. Aber eigentlich liegt auf der Hand, was das Kind braucht: Es muss lernen, eine angenehme Tätigkeit für eine notwendige, aber langweilige

Angelegenheit zu unterbrechen. Und am besten lernen Kinder das mit Hilfe und Vorbild.

Also können Eltern Folgendes ausprobieren: Wir machen diesen Prozess sichtbar und erfahrbar. Nehmen wir an, wir machen gerade etwas sehr Angenehmes (Spielen, Film gucken, Plätzchen backen) mit dem Kind. Und dann meldet der Körper, dass wir mal müssen. Was machen wir dann?

Wir denken – mittlerweile unbewusst und blitzschnell – so was wie: »Ah, ich würde gerne weiter Pippi Langstrumpf gucken, aber ich muss so dringend! Wenn ich schnell auf Toilette gehe, muss der Film zwar kurz warten, aber dann bin ich hinterher ja viel entspannter und außerdem hab ich keine Unterhose, die ich waschen muss«, und gehen ins Bad.

Jetzt machen wir das für das Kind »sichtbar«, indem wir das nicht nur denken, sondern sagen und sogar ein bisschen größer machen, als wir es vielleicht einem Erwachsenen erzählen würden: »Au weia! Ich muss mal! Aber der Film ist gerade sooo spannend! Ich würde so gerne hier sitzen bleiben! Aber verflixt, das ist echt ein unangenehmes Gefühl im Bauch. Ich glaube, ich geh kurz ins Bad. Wartest du hier? Dann fühle ich mich besser.« Und nach dem Gang zum Bad machen wir sichtbar, was passiert ist: »Ah, jetzt ist es viel besser. Ich wollte erst nicht gehen, aber mein Bauch fühlt sich jetzt doch wieder ruhig und entspannt an. Jetzt kann ich viel besser Film schauen. Danke, dass du gewartet hast.« So »sieht« das Kind, was sonst unsichtbar in uns an Entscheidungsprozessen vorgeht.

Wenn das Kind das nächste Mal muss – und viele Eltern bemerken das –, dann schicke ich es nicht auf Toilette, sondern ich erinnere es an das gemeinsame Erlebnis: »Erinnerst du dich an den Film, den wir am Samstag gesehen haben? Da musste ich auch. Und ich wollte wirklich nicht gehen. Aber danach war es viel schöner. Komm, ich warte hier auf dich und passe auf, dass dein kleiner Bruder unsere Lego-Bauten nicht anfasst. Du kannst ganz in Ruhe auf Toilette gehen. Nimm gerne was zu spielen oder dein Lieblingsbuch mit! Und hinterher geht es dann viel entspannter weiter.«

Die Frage hinter der Frage

Können wir uns noch vorstellen, wie sich die Welt als Kind angefühlt hat?

Wissen wir noch, was wichtiger war – Wäsche oder Lego? Wie sich dieses Kribbeln anfühlte, wenn wir etwas entdeckt, etwas Neues gespielt, etwas gebaut haben? Die Bücher von Astrid Lindgren sind oft deshalb so schön zu lesen, weil sie sich so gut einfühlen und uns die Welt der Kinder so nahebringen konnte. Aus Sicht von Kindern sind ganz andere Dinge wichtig als aus der Sicht von Erwachsenen. Es hilft oft, sich in sie hineinzuversetzen, um zu verstehen, wo das Problem liegt.

Was also tun?

Erlauben wir uns, öfter mal wieder Kinder zu sein! Bauen, basteln, matschen, spielen wir mit und bekommen wir wieder dieses Gefühl von Zeitlosigkeit, Wichtigkeit und Fokus auf die kleinen Dinge hier direkt vor unserer Nase. Dann ist es oft leichter, das Verhalten unserer Kinder zu verstehen und sie dort abzuholen, wo sie gerade sind.

Die Elternfrage
Ganz schön weinerlich

Unser Kind weint ständig, das treibt uns schier zum Wahnsinn. In so vielen unterschiedlichen Situationen, bei großen und ganz vielen kleinen Anlässen fließen die Tränen ... wir versuchen, dem liebevoll zu begegnen, aber so langsam geht uns die Geduld aus.

Nicolas Soforthilfe

Wenn das Kind das nächste Mal weinerlich ist, machen wir einfach mal – nichts. Und hören in uns hinein. Was passiert in uns? Wie verändert sich unsere Atmung, unser Herzschlag? Welche Gedanken jagen durch unseren Kopf? Wenn das in der Situation selbst zu schwierig ist, dann versuchen wir es in einem ruhigen Moment und rufen uns das »weinerliche« Kind so lebendig wie möglich ins Gedächtnis – das Gehirn erkennt den Unterschied nicht.

Was passiert? Was fühlen wir? Welche Gedanken kommen? Welche Gefühle und Gedanken tauchen in uns auf, die wir sofort, aber *sofort* wegdrücken müssen, sodass sie nur einen Moment aufblitzen, bevor wir sie verschwinden lassen?

Schreiben Sie es auf. Alles. Sie müssen es niemandem zeigen, niemandem vorlesen. Fragen Sie sich: Was liegt hinter dem Gefühl? Und fragen Sie sich dann wieder: Und was liegt dahinter? Oft bekommen wir eine Reihe, die so oder ähnlich aussieht:

»Das Kind ist weinerlich – mein Brustkorb wird eng – ich denke, das wird nie aufhören – wenn das nicht aufhört, wird das Kind sich nicht gut entwickeln – wenn es sich nicht gut entwickelt, bin ich keine gute Mutter/kein guter Vater – wenn ich keine gute Mutter/kein guter Vater bin, dann hab ich versagt – wenn ich versage, liebt mich niemand mehr – wenn mich niemand mehr liebt, bin ich alleine – wenn ich alleine bin, dann sterbe ich.«

Und plötzlich verstehen Eltern, warum sie das »weinerliche« Kind so stresst: Wir haben Angst, zu sterben – und so reagieren wir auch. Wir versuchen vielleicht, empathisch zu sein, aber wir sind in so essenziellem Stress, dass unser Gehirn das Empathiesystem nur noch »faken« kann, weil es eigentlich nicht verfügbar ist. Das Kind spiegelt unser Verhalten – denken Sie daran: Kinder kooperieren *immer* – und wird noch unsicherer, ängstlicher und: weinerlicher.

Die Frage hinter der Frage

Die Frage lautet: Welche Gefühle sind erlaubt – welche nicht?

Wenn ein Mensch empfindlich, weinerlich, quengelig ist – ist das erlaubt? Dürfen wir das? Durften wir das als Kinder? Oder wurde uns gesagt: »Quengel nicht! Stell dich nicht so an! Jammer nicht!« Vielleicht wurde es uns auch gar nicht gesagt, sondern nur signalisiert. Das reicht schon, denn Kinder reagieren sehr feinfühlig. Und jetzt ist unser eigenes Kind so, wie wir nicht sein durften. Wir wollen es ihm nicht verbieten, aber wir können es uns selbst ja nicht einmal gestatten zu jammern – wie sollen wir es also dem Kind zugestehen? Und was im Himmel passiert, wenn wir das zulassen? Bei dem Kind? Oder – noch gefährlicher – gar bei uns selbst? Werden wir dann ein Jammerlappen? Kriegen wir dann unser Leben nicht mehr auf die Reihe, wie man es uns als Kind vermittelt hat?

Diese Frage kann uns maximal beschäftigen und ängstigen. Dass Kinder weinerlich sind, ist normal. Wenn sie darin nicht begleitet werden, verfestigt sich das Verhalten, denn das Bedürfnis nach echtem Trost wird nicht erfüllt. Wir müssen uns also die Frage gestatten: Was ist erlaubt? Und was können wir uns selbst erlauben, damit wir es dem Kind erlauben können?

Was also tun?

Machen wir uns klar, dass unsere Reaktion nichts mit dem Kind zu tun hat. Das Kind ist total okay. Das Kind spiegelt uns nur unsere eigenen Gefühle zurück. Machen wir uns klar, dass es unsere Entscheidung ist, welche Gefühle wir zulassen können. Und unsere Kinder sind gute Wegweiser zu den unterdrückten, unerlaubten Regungen in den Tiefen unseres Selbst.

Machen wir uns klar, dass wir bei uns selbst anfangen müssen: Wir müssen erkennen, was uns blockiert, wir müssen unser eigenes, weinerliches Kind in den Arm nehmen und sein Jammern zulassen können. Denn dann können wir es bei unserem Kind zulassen und dann erst kann das Kind das Verhalten loslassen. Und am Ende ist das Kind wie immer kein Ärgernis, sondern wir können ihm danken, dass es uns geholfen hat zu sehen, was wirklich ist.

Die Elternfrage
Veränderungen aushalten?

Mein Kind tut sich immer wieder schwer damit, wenn sich etwas kurzfristig verändert oder nicht klappt. Wie viel kann ich mir und meinem Kind an Frust, Veränderung zumuten? Bis wann ist das noch Lernen, wo ist die Grenze?

Nicolas Soforthilfe

Eine wichtige Frage ist: Muss diese Frustration sein? Ist das etwas, was wir nicht ändern können (das Kind ist total verzweifelt, weil die U-Bahn weggefahren ist ... das können wir nur noch begleiten, nicht mehr ändern), oder ist es eine Frustration, die das Kind möglicherweise überfordert (Mama geht zum Yoga, aber das kränkelnde, fremdelnde, zahnende Kind will nicht in der Betreuung bleiben und weint bitterlich ... hier können wir etwas ändern).

Schauen wir also das Kind an: Wie geht es ihm? Ist es »nur« wütend oder total verzweifelt? Braucht es jetzt einen Abbruch – wenn ich das aktuelle Geschehen abbrechen kann – oder lernt es gerade etwas über die Naturgesetze des Lebens?

Die Antwort auf diese Frage können Eltern nur selbst geben. Es kommt auf das Alter des Kindes, auf sein Temperament, auf seine Lebensumstände an. Manche Kinder können früher damit umgehen, manche später. Wichtig ist, das Kind nicht zu überfordern. Können wir es unterfordern? Nicht, wenn wir ein ganz normales Leben leben, denn das bietet jede Menge abgefahrene U-Bahnen, leere Eistruhen oder geschlossene Türen, die uns – wenn wir es zulassen – lehren, mit Frustration umzugehen. Jedes Kind ist anders und jedem Kind müssen wir in die Augen und in die Seele schauen: »Schaffst du das?«

Die Frage hinter der Frage

Müssen wir ein Kind frustrieren? Müssen wir unsere Pläne und Vorhaben durchziehen? Oder packen wir es in Watte, wenn wir ihm zu wenig zumuten?

In vielen Momenten des Lebens ist das gar keine Frage, weil manche Dinge einfach nicht veränderbar sind: Wir müssen umziehen, wir müssen arbeiten, die U-Bahn ist nun mal weg. Gleichzeitig haben wir öfter eine Wahl, als wir denken. Dann ist es eine gute Idee, einen Plan nicht aus Prinzip durchzuziehen, nur weil wir ihn einmal gefasst haben.

Was also tun?

Hinspüren und hinschauen. Auch in uns hineinspüren dürfen wir: Können wir das aushalten, dass es dem Kind so schlecht geht? Können wir uns beim Yoga entspannen, wenn das Kind so bitterlich weint in der Betreuung? Oder ist es für uns einfach wahnsinnig wichtig, jetzt mal in Ruhe zehn Bahnen zu schwimmen, damit wir diese Zahnungsphase durchhalten? Das kann nur jede Familie selbst entscheiden.

Die Elternfrage
Anderswo geht's doch auch!

Warum funktioniert so vieles – einschlafen, Gemüse essen, teilen – besser, wenn ich nicht da bin? Zum Beispiel bei anderen Bezugspersonen, bei Familien von Spielkameraden oder im Kindergarten?

Nicolas Soforthilfe

Nehmen Sie es als Kompliment. Sie sind die primäre Bezugsperson – bei Ihnen machen die Kinder vieles, was sie woanders nicht machen. Meine Tochter hat das mit fünf Jahren mal besser ausgedrückt, als jeder Forschende es je konnte:

»Mama, bei dir fühle ich mich einfach sicherer, bei den anderen will ich nicht meckern, da hab ich Angst, aber du … du bist halt Mama! Und irgendwo muss ich doch meckern!«

Mehr muss man nicht wissen, oder?

Na gut, ein bisschen mehr: Bei der primären Bindungsperson lassen die Kinder vieles »raus«, was sie sich woanders verkneifen. Sie brauchen für alles länger, sie sind wilder, egoistischer, aufgedrehter, mauliger und so weiter. Manche kennen das vielleicht, dass wir uns bei Menschen, mit denen wir in einer engen oder romantischen Beziehung leben, eher mal gehen lassen als bei anderen. Und so geht es den Kindern auch. Als Aprilscherz im Internet hat mal eine Studie behauptet, man könne nachweisen, dass sich die Kinder bei der Mutter 800-mal schlechter benehmen als bei anderen – und ich hätte das sofort geglaubt. Auch wenn die Zahl natürlich Quatsch ist, trifft es die Wirklichkeit sehr gut.

Dazu gibt es zwei interessante Aspekte. Erstens haben andere Bezugspersonen mit dem Kind ein anderes Verhältnis, andere Muster, andere Themen als wir selbst. Außerdem geht vieles leichter in der Gruppe. Kleinkinder essen zum Beispiel vielfältiger, wenn andere Kleinkinder dabei sind, und schlafen auch oft in der Gruppe bei der Tagesmutter leichter ein als zu Hause.

Viele Väter wiederum (oder genauer: weniger anwesende Elternteile, das ist keine Geschlechterfrage) denken zum Beispiel, sie hätten es einfach besser »raus« als die Mütter. Sie sagen: »Also bei mir macht er das Theater nicht! Ich hab von Anfang an klargemacht, dass es bei mir so nicht läuft!« Und sie glauben, es sei ihre Erziehungsleistung. Ist es aber nicht.

Es ist der Innen-Außen-Effekt: Innen, im engsten Kreis von primärer Bindungsperson und Kind, sind die Kinder sie selbst, sie lassen sich gehen, sie lassen los, sie machen soziale Experimente, sie sind viel mehr »Kind«, sie sind viel weniger leistungsfähig als im Außen. Außen sind sie wie wir alle bemüht um Kooperation und auch ein wenig unsicher, was hier möglich ist und was nicht. Das heißt nicht, dass sie andere Bezugspersonen nicht lieben oder ihnen nicht vertrauen. Aber so gut wie jedes Kind hat ein oder zwei engste Menschen, bei denen es ganz es selbst sein kann.

Daher sind sie bei uns nölig, meckrig, mäkelig, anspruchsvoll, schwierig, frech, laut, müde … und das ist ein Geschenk.

Die Frage hinter der Frage

Haben wir versagt, wenn unsere Kinder sich schlecht benehmen?

Nein. Im Gegenteil. Mir hat das mal eine Kinderpsychotherapeutin so erklärt: »Nicola, wenn sich dein Kind draußen gut benimmt und zu Hause schlecht, hast du alles richtig gemacht. Wenn es umgekehrt ist, dann solltest du mal drüber nachdenken.«

Was also tun?

Machen wir uns klar: Ein Kind, das sich bei uns »schlecht benimmt«, ist kein Zeichen für Versagen, es ist ein Geschenk. Denn dann können wir sicher sein, dass es uns absolut vertraut. Bleiben wir also weiter liebevoll, geduldig und klar und freuen uns über die schönen Rückmeldungen, die wir von anderen zu unserem Kind bekommen.

Die Elternfrage
Kleine Konfliktvermeider

Wie gehe ich mit überkonformen Kindern um? Die immer nach Harmonie streben, Angst vor Konflikten haben, immer alles abgeben, ihre Geschwister decken und so weiter?

Nicolas Soforthilfe

Vorneweg: Obwohl diese Kinder auf den ersten Blick so einfach sind, danke ich allen Eltern, die sich diese Gedanken machen. Denn es ist tatsächlich so, dass es für uns den Alltag deutlich leichter macht, für die Kinder aber wichtig ist, dass wir da trotzdem hinschauen.

Kinder bewegen sich in der Regel zwischen zwei Polen – zwischen Autonomie und Bindung. Kinder, die mehr auf der Autonomieseite sind, riskieren eher die Harmonie in der Gruppe für ihre eigenen Interessen, während Kinder auf der Bindungsseite eher zurückstecken, damit es keinen Streit gibt.

Warum haben Menschen Angst vor Konflikten? In der Regel liegt es daran, dass wir fürchten, mit der entstehenden sozialen Spannung nicht umgehen zu können.

Wenn wir uns Sorgen um unser Kind machen, dann können wir ihm sanft beibringen, dass es seine Interessen durchsetzen darf und niemand dabei verletzt wird. Wenn wir sehen, dass es ein Spielzeug oder den Platz im Auto oder die erste Runde auf dem Karussell abgibt, obwohl es eigentlich gerne selbst möchte, dann können wir sagen: »Hey, ich habe den Eindruck, dass du eigentlich selbst als Erster möchtest, komm, die anderen dürfen auch mal warten.« Das Kind wird wahrscheinlich ablehnen, aber es kann, wenn wir darauf beharren, lernen, dass auch andere zurückstecken können, ohne dass die Welt untergeht. Und so können wir ihm beibringen, dass es die soziale Spannung, die entsteht, durchaus aushalten kann.

Besonders wenn es um kleine Geschwister geht, ist es wichtig, von Anfang an auch zu signalisieren, dass das kleine Geschwister jetzt kurz warten muss und kann, wenn das Große etwas braucht (vorausgesetzt, das Baby kann wirklich warten und ist nicht in großer Not).

Die Frage hinter der Frage

Kümmern wir uns auch um die, die es uns so leicht machen, dass es fast schon wieder zu leicht ist?

Überkonforme Kinder machen ja in dem Sinne keinen »Ärger«, und doch ist es wichtig, dass wir sie gut begleiten und ihnen das beibringen, was sie zu lernen haben. Es lohnt sich, hier aufmerksam zu sein, denn wir tun den Kindern einen lebenslangen Gefallen, wenn wir jetzt richtig handeln. Im Alltag schaffen wir es vielleicht nicht immer, denn die Versuchung, die Harmonie nur zu genießen, ist sicher groß. Aber wenn wir es hin und wieder hinkriegen, auch die ganz »Braven« aus ihrer Rolle zu holen, dann erweitern sie ihr Verhaltensrepertoire enorm. Das wird ihnen zugutekommen im nächsten Lebensabschnitt der Teenagerjahre, wenn es durchaus hilfreich sein kann, sich auch mal gegen die Gruppe zu stellen.

Was also tun?

Schauen wir unsere Kinder an und fragen uns: Bist du glücklich? Ist es so, wie du sagst? Hast du, was du brauchst? Und dann geben wir ihnen das, was sie brauchen – was nicht immer das ist, was sie wollen.

Die Elternfrage
Wenig Kita-Begeisterung

Ist es normal, wenn mein Sohn nie in die Ferienbetreuung der Kita will und am Nachmittag so schnell wie möglich nach Hause? Ist vielleicht die Betreuung dann schlecht?

Nicolas Soforthilfe

Ja.

Nein.

Grundsätzlich wäre es schön, wenn Betreuung so wäre, dass Kinder immer und immer gerne dorthin gehen wollen. Aber wenn sie nicht hingehen wollen, sagt das nichts darüber aus, ob die Betreuung gut oder schlecht ist. Es heißt erst einmal nur, dass dieses Kind jetzt nicht so gerne in die Betreuung geht.

Wir Erwachsenen dürfen nie vergessen, dass Betreuung für Kinder wie Arbeit ist: Sie müssen Regeln beachten, sich mit anderen Menschen arrangieren, sich an soziale Grenzen halten, und selbst wenn das alles nicht wäre, wäre es immer noch aufregend, den ganzen Tag »betreut« zu werden.

Wenn wir die Wahl hätten, im Urlaub ständig einem Animationsprogramm ausgesetzt zu sein oder einfach mal faul durch die Wohnung zu tigern und unseren Lieblingsbeschäftigungen und spontanen Impulsen nachzugeben – was würden wir wählen?

So geht es auch den Kindern. Und wie bei uns Erwachsenen gibt es Menschen, die das eine besser finden als das andere und umgekehrt. Manche Kinder gehen gerne in die Ferienbetreuung, andere gehen manchmal gerne, wieder andere beschweren sich jeden Tag und dann gibt es die, die es vollkommen verweigern.

Sprechen wir mit unserem Kind: Was genau macht, dass du nicht gerne gehst? Wie müsste es anders sein, damit du gerne hingehst? Oft bekommen wir hier schon sehr konkrete Infos: Es ist zu früh, es sind zu viele Regeln, das Essen schmeckt nicht, der beste Freund geht auch nicht und so weiter.

Dann sprechen wir mit der Betreuung: Könnte das Kind später kommen, früher gehen, auch mal sein eigenes Ding machen, eine Lese-Ecke kriegen, sein eigenes Essen mitbringen?

Und dann schauen wir, was sich machen lässt. Den Kindern hilft es schon, wenn wir sie anhören und versuchen, mit ihnen eine Lösung zu finden.

Die Frage hinter der Frage

Was können unsere Kinder leisten?

Kindern in traditionellen Jäger-und-Sammler-Gesellschaften wie den in Botswana lebenden !Kung San hatten zwar klare Regeln, aber bis zum 14. Lebensjahr so gut wie keine Pflichten und unendlich viel Muße und Freizeit. Morgens zu einer bestimmten Zeit an einem bestimmten Ort zu sein, an dem sie ununterbrochen von Erwachsenen beobachtet und »betreut« werden, gab es wahrscheinlich lange Zeit in der Menschheitsgeschichte nicht, auch wenn immer jemand auf die Kinder achtgab.

Wenn wir uns das bewusst machen, können wir zwar unsere Leben nicht immer ändern. Aber wir können unsere Kinder besser verstehen, machen uns weniger Sorgen um unsere Erziehungsleistung und können schauen, wo es doch unerwarteten Verhandlungsspielraum gibt, um es uns allen leichter zu machen.

Was also tun?

Ich denke, es lohnt sich, darüber nachzudenken, was unsere Kinder leisten können und sollen, und wie wir sie entlasten können. Denn es gilt ja immer noch: Unser Alltag ist ihre Kindheit.

Die Elternfrage
Das verbotene Kostüm

Dürfen deiner Meinung nach Kinder an Karneval als »Indianer« gehen? In unserer Kita ist das jetzt verboten, damit die Kinder keine Stereotypen entwickeln, aber viele Kinder sind total traurig darüber und wünschen es sich so sehr.

Nicolas Soforthilfe

Bezüglich solcher Kostüme gibt es verschiedene Standpunkte. Die einen sagen: Wenn eine Kultur die Symbole oder Kleidung einer anderen Kultur übernimmt, wird das als kulturelle Aneignung bezeichnet. Besonders, wenn die Kultur, aus der etwas übernommen ist, eine Minderheit ist, unterdrückt wird oder eine Vergangenheit als kolonialisierte Nation hat. Dabei eignet man sich Gegenstände, Kleidung oder sogar Handlungen (Friedenspfeife rauchen) an, die für die ursprüngliche Kultur eine wichtige Bedeutung haben, und stellt sie durch Menschen dar, die nicht mehr wissen, was das alles eigentlich mal bedeutet hat.

Es gibt auch Betroffene, die selbst sagen, dass sie wichtige Wahrzeichen ihrer Tradition nicht als »Kostüm« sehen möchten.

Andere Stimmen sagen, dass ein »Indianerkostüm« eher die Sympathie der Kinder fördere, weil es oft weniger um Kulturen als um Helden geht. Und dass es ein Anknüpfungspunkt für Gespräche sein kann, über Rassismus und Kolonialismus kindgerecht zu sprechen.

Es ist wichtig, dass wir uns hier unter Erwachsenen zusammensetzen und das Thema genau betrachten. Wenig Sinn ergibt es, den Kindern das Kostüm einfach zu verbieten. Gleichzeitig können wir nicht die gesamte Kolonialgeschichte mit Vierjährigen besprechen.

Wenn wir uns mit guten Argumenten dagegen entscheiden, sollten die Kinder es also kindgerecht erklärt bekommen. Vielleicht ist es sogar möglich, ein kleines, konstruktives Projekt dazu zu machen. Wenn den Kindern klar wird, was Kultur für andere Menschen bedeutet, verstehen sie unsere Entscheidung wahrscheinlich besser.

Die Frage hinter der Frage

Inwieweit verstehen Kinder Konzepte wie Rassismus, kulturelle Aneignung, Kolonialismus? Und inwieweit können wir Kinder – je nach Alter – mit den Grausamkeiten konfrontieren, die Menschen einander angetan haben?

Ich habe auf diese Frage keine Antwort. Die Zeit wird es zeigen. Ich vermute, dass wir unsere Kinder nicht damit überfordern dürfen, und gleichzeitig ist ein einfaches »Nein, als Indianer kannst du leider nicht gehen« auch keine Option. Oft können wir solche Sachverhalte einfach und kindgerecht erklären und dann lernen die Kinder sehr schnell, dass es zum Beispiel nicht »Indianer«, sondern »Amerikanische Ureinwohner« heißt und dass wir Europäer dort viele Fehler gemacht haben.

Was also tun?

Wir können uns informieren, austauschen, im öffentlichen Diskurs zumindest mitlesen, um uns dann eine Meinung zu bilden. Und wir können gleichzeitig an der Seite unserer Kinder bleiben und ihnen die Welt so erklären, dass sie sie a) überhaupt verstehen können und b) weiterhin ein sicheres Gefühl auf diesem Planeten und mit dieser Menschheit haben.

Auf die Schnelle
Kompaktantworten zum Kleinkindalter

Im Alltag gibt es so viele Dinge, die das Kind möchte, die ich aber nicht zulassen kann oder will. Wie kann ich Grenzen setzen, ohne immer Nein zu sagen? Und was ist eine Ja-Grenze?

Da wir als Eltern nicht einfach immer Ja sagen können, habe ich für das artgerecht-Projekt die »Ja-Grenze« entwickelt. Mit ihr kann ich Ja sagen, wenn das Kind etwas will, das ich nicht will. So geht's:

Ich sage nicht: »Nein!« oder »Schon wieder Eis?« oder »Wir hatten gesagt, dreimal, und jetzt ist Schluss!«. Ich sage: »Ja, ich verstehe dein Bedürfnis ... das kann man so wollen oder wünschen ... es geht nicht, weil ... dies ist die Alternative.«

Das so zu handhaben bedeutet nicht, dass das Kind nicht vor Wut ausflippt. Aber es heißt, dass ich eine Grenze gesetzt habe, ohne dem Kind ein Gefühl von »Du bist nicht okay« zu geben.

Mein Kind mit anderthalb Jahren will nachts nicht abstillen. Es wütet, es schreit, es hält uns die halbe Nacht wach – ist es zu früh?

Ja, das kann gut sein. Wir können versuchen, dem Kind eine Alternative zu bieten: Schnuller, Flasche, Essen oder Trinken. Aber wenn es gar nicht geht und wir noch etwas Geduld haben, dann kann es klug sein, den nächsten Entwicklungsschub abzuwarten und es danach wieder zu versuchen. Wenn Kinder sich so vehement wehren, sind sie oft mit etwas anderem beschäftigt (oder kriegen Zähne).

Mein Kind zeigt im Gefühlssturm folgendes Verhalten: »Ich will zu dir kommen!« – »Nein, doch nicht.« Ich: »Okay …«, dann wieder: »Ich will zu dir kommen! Nein! Ich will zu dir! Nein!« – Gefühlt geht das hundertmal hin und her. Hast du Ideen, wieso es das macht und wie ich damit umgehe?

Schauen wir doch, was das Kind zeigt: widerstreitende Gefühle. Kennen wir das als Erwachsene? Ich will dorthin – ach nee, doch nicht? Ich hole mir noch einen Kaffee – ach nee, vielleicht keine gute Idee … oder doch? Ein unreifes Gehirn unter Stress hat noch viel mehr als unseres das Problem, dass es widerstreitende Gefühle nicht unter einen Hut bekommt.

Wie gehen wir damit um? Wir zeigen einerseits, dass wir da sind und bleiben. Wir sagen unserem Kind, dass es jederzeit zu uns kommen kann. Und dass wir uns freuen. Und wir geben ihm Zeit, sich zu beruhigen. Wenn wir helfen können, helfen wir, wenn es einfach nur Zeit braucht, dann ist es gut. Wichtig ist, dass wir das System nicht weiter anheizen mit unserem eigenen Genervtsein oder unserer Verwirrung, sondern wie ein Fels in der Brandung abwarten, wenn die Wellen immer und immer wieder an uns heranrollen, bis sie sich beruhigt haben.

Was tun, wenn das Kind, zweieinhalb Jahre, morgens im Bad trödelt und wir dann immer spät dran sind?

Ich habe eine gute Nachricht: Man kann mit zweieinhalb Jahren nicht »trödeln«, und nicht »spät dran sein«. In diesem Alter sind Kinder einzig und allein im Hier und Jetzt. Sie können das, was wir mühsam in Achtsamkeitsseminaren lernen, noch völlig von alleine. Kleinkinder haben kein Zeitgefühl und sie sind völlig fasziniert von dem, was gerade vor ihnen liegt, ohne ein Gefühl dafür, was danach kommen könnte.

Unsere Aufgabe als Erwachsene ist es, ihnen sanft zu helfen, sich an das unnatürliche, unverständliche Konzept »Zeit« zu gewöhnen, das es Jahrmillionen lang nicht gab. Wir glauben heute an die Zeit, aber die Kinder entstammen einer Welt, in der sie keine Rolle gespielt hat, und das war menschheitsgeschichtlich betrachtet eigentlich erst gestern (siehe *Vorwort*).

Was können wir tun? Wir können das anbieten, was ich »Full-Service-Parenting« nenne, den Kindern also alles abnehmen, einfacher machen, helfen. Und dann können wir bei Gelegenheit das Kind ansehen und glücklich feststellen, wie gut es noch im Jetzt sein kann, und vielleicht sogar ein bisschen von ihm lernen.

Wie gehen wir mit Süßigkeiten und gesüßten Getränken um? Sollen wir alles verbieten und verstecken oder lieber nicht ganz so streng sein?

Manche Kinder kommen gut damit klar, dass Süßigkeiten frei zugänglich sind. Andere Kinder können sich da nur schlecht regulieren. Wir müssen auf unser Kind schauen und entscheiden, was gut für seine Gesundheit ist, weil manche Kinder das auch im höheren Alter nicht selbst steuern können. Je älter das

Kind ist, desto mehr sollten wir dazu im Austausch und im Kontakt bleiben.

Gesüßte Getränke sind flüssige Süßigkeiten. Der Homo sapiens trinkt in erster Linie Wasser. Ansonsten trinkt er Tee. Säfte sind eigentlich schon flüssige Nahrung. Das spricht nicht grundsätzlich gegen sie, aber wir müssen uns der Wirkung auf Zähne und Blutzucker – und bei kleinen Kindern auch auf das Sättigungsgefühl – bewusst sein. Softdrinks sollten nach einhelliger medizinischer Meinung eine große Ausnahme sein, weil ihr Effekt auf die Gesundheit deutlich negativ ist. Grundsätzlich gilt: Wenn wir nicht wollen, dass die Kinder etwas essen oder trinken, sollten wir es schlicht nicht im Haus haben. Und: Maßvolle Ausnahmen sollten erlaubt sein.

Bei uns gibt es bei jedem Essen ein riesiges Gehampel und Gekleckere. Wie bringt man einem Kleinkind Tischmanieren bei?

Erst mal: Gar nicht. Dafür sind sie zu klein. Wir setzen Grenzen: »Ich sehe, dass du mit dem Essen spielen willst, für mich geht das nicht. Ich glaube, du bist satt, komm, wir spielen.«

Tischmanieren im eigentlichen Sinne können wir Kindern erst im späten Kleinkindalter beibringen und das machen wir durch Vormachen, Abwarten, Üben, Spielen und wieder Üben. Und wir können sie nur einem fitten, gesunden, starken Kind beibringen. Wenn das Kind ohnehin müde, hungrig und platt ist (das Abendessen!), dann ist es kein so guter Zeitpunkt für die Serviette, die richtig auf dem Schoß liegt.

Eine Regel besagt außerdem: Kinder unter zwei Jahren müssen nur so lange am Tisch bleiben, bis sie satt sind. Kinder über zwei Jahren maximal 20 Minuten.

Mein Sohn, dreieinhalb Jahre, wollte eine Zeit lang gerne aufs Töpfchen gehen und von heute auf morgen verlangte er dann wieder nur seine Windel – woran könnte das liegen und wie kann ich ihm »helfen«? Ich möchte ja auch keinen Druck aufbauen beim Trockenwerden.

Wenn ein Kind seine Windel zurückhaben will, hat das oft mit einem Bedürfnis nach Sicherheit zu tun. Hier wäre also die Frage: Hat sich irgendetwas verändert? Zu Hause, in der Betreuung, im Umfeld der Familie? Wir helfen den Kindern in der Regel am meisten, wenn wir ihnen tatsächlich keinen Druck machen und signalisieren: »Klar kriegst du deine Windel« – und wenn wir gleichzeitig überlegen, wie wir Sicherheit, Selbstbestimmungsmöglichkeiten und Selbstständigkeit fördern können. Das kann heißen, dass das Kind zum Beispiel seinen Topf selbst aussuchen darf, Kleidung trägt, die es selbst öffnen oder herunterziehen kann, aber auch im Alltag kleine Dinge für sich entscheidet.

Unser großes Geschwisterkind jammert seit der Geburt seiner kleinen Schwester vor zehn Monaten dauernd herum und treibt damit uns Eltern an den Rand des Wahnsinns. Seit Corona trägt sie mit ihren vier Jahren auch wieder Windeln.

Ein Geschwisterkind und dann noch so eine einschneidende Veränderung des Alltags wie eine weltweite Pandemie – da kann man schon mal aus der Balance geraten. Das Kind »jammert« übrigens nicht, denn jammern heißt ja laut Duden: »sich weinerlich (und traurig) beschweren, wehklagen«, und wird oft verwendet, um zu signalisieren, dass sich jemand grundlos oder übermäßig beklagt. Aber eigentlich heißen »sich beschweren«

und »beklagen« nur, dass man »einen Missstand oder ein schmerzliches Ereignis betrauert« – und die Geburt eines Geschwisterchens kann durchaus so ein Ereignis sein (siehe die Elternfrage *Abstand zwischen Geschwistern?* im Kleinkindkapitel).

Das Kind hat also unter Umständen allen Grund, der Zeit ohne Geschwisterchen nachzutrauern und entsprechend empfindlich und aus der Balance zu sein. Wir Eltern müssen gut achtgeben, weil im Deutschen Wörter, die wir für Kinder oder ihr Verhalten verwenden, ungewollt oder unbewusst abwertend sein können, was uns aber nicht weiterhilft. Es hilft dem Kind viel mehr, wenn wir sein Unglück sehen und verstehen, wenn wir signalisieren, dass wir da sind, um ihm Halt zu geben und zu trösten und ihm zu helfen. Wenn das Kind in dieser Zeit wieder die Windel will, gilt das oben Beschriebene: Es soll sie bekommen, und zwar so lange, wie es sie braucht. Wir stabilisieren erst das Kind, dann die Umstände, so weit wie möglich, und *erst dann* denken wir wieder über das Sauberwerden nach – wenn es dann nicht sogar von ganz alleine wieder kommt.

Unser Kind weint immer, wenn sich Stuhlgang ankündigt, es versteckt sich, will nicht mehr auf die Toilette, aber auch nicht in die Windel machen. Es hält ewig zurück, und wenn es dann kommt, ist es sehr hart und das Kind weint noch mehr. Was steckt dahinter?

Das Kind zeigt ein typisches Verhalten von Toilettenverweigerung, die oft mit einem auslösenden Ereignis einhergeht. Vielleicht hat das Kind Verstopfung oder einfach harten Stuhl gehabt und dadurch ein schmerzhaftes Gefühl auf der Toilette erlebt. Jetzt will es sich nicht mehr entleeren, was einen Teufelskreislauf aus Angst, Schmerzerleben und hartem Stuhl auslösen kann.

Was können wir tun?

- Wir ändern die Ernährung des Kindes so, dass es viele, viele Ballaststoffe zu sich nimmt, die den Stuhl weich machen.
- Wir sorgen dafür, dass das Kind viel trinkt. Wenn es noch gestillt wird, darf es ruhig mehr stillen, denn Muttermilch macht den Stuhl weich. Es darf sogar, wenn möglich, auf der Toilette stillen, da der Abführeffekt direkt eintritt und das Kind so entspannen kann.
- Wir bieten dem Kind jeden Morgen auf leeren Magen ein Glas lauwarmes Leitungswasser an, damit sich der Darm morgens als Erstes sanft entleeren kann.
- Wir helfen dem Kind, sich zu entleeren, indem wir ihm dazu die warme Wanne anbieten (und das Kind nach Entleerung natürlich sofort aus dem Wasser nehmen).
- Wir können vor der Entleerung dem Kind den After mit Vaseline eincremen.
- Wir bearbeiten das auslösende Ereignis und besprechen mit dem Kind, was da passiert ist, was wir jetzt dagegen machen können, damit es besser wird, und dass es nicht immer so sein muss, sondern wir ihm helfen können (siehe die Elternfrage *Angst vor dem Arztbesuch*).

Wenn gar nichts geht, können wir beim medizinischen Fachpersonal nach Stuhlweichmachern fragen, die es dem Kind grundsätzlich erleichtern, Stuhl abzugeben (es aber auch unmöglich machen können, Stuhl zu behalten, was nicht alle Kinder gut vertragen). Damit diese aber nicht auf Dauer gegeben werden müssen, sollten wir die Ernährung umstellen, das Schmerzereignis bearbeiten und das positive Ereignis immer wieder ins Gedächtnis rufen: »Erinnerst du dich? Gestern kam das Kacka ganz weich heraus, das kann heute wieder so sein. Komm, wir schauen mal!«

Mit diesen Wegen können wir dem Kind helfen, wieder Vertrauen in seinen Körper zu entwickeln. Es lohnt sich also wirklich, hier frühzeitig Zeit zu investieren, damit sich das negative Ereignis nicht zu stark festsetzt.

Unser Sohn ist jetzt dreieinhalb Jahre alt. Wenn nur einer von uns bei ihm ist, kommen wir wirklich gut miteinander klar. Aber sobald beide Eltern da sind, ist er wie ein anderes Kind: Er wird übermütig, aufmüpfig, hört nicht mehr. Was können wir da machen?

Dieses Phänomen sehen wir oft, vor allem bei Kleinkindern. Es kann viele Ursachen haben:

- Haben die Eltern unterschiedliche Erziehungsvorstellungen und probiert das Kind aus, wer sich heute durchsetzt?
- Ist es aufregender mit beiden Eltern, sodass es dem Kind schwerer fällt, zu kooperieren?
- Gelingt es uns weniger, zu zweit zum Beispiel den Rhythmus von Essen und Schlafen des Kindes einzuhalten, sodass es weniger belastbar wird und weniger kooperiert?
- Reden wir viel, wenn wir zu zweit sind? Langweilt sich das Kind, das ansonsten gewöhnt ist, dass man sich direkt mit ihm befasst?
- Sind wir viel miteinander oder mit trockenen organisatorischen Dingen beschäftigt, wenn wir zu zweit sind, und das Kind langweilt sich oder spürt die Spannung?
- Gibt es gar offene oder schwelende Konflikte zwischen den Eltern, die das Kind widerspiegelt?

All diese Dinge können dazu führen, dass Kinder unkooperativ werden. Es ist wichtig, dass wir immer fragen: Was spiegelt uns das Kind? Und dann dürfen wir einfach ausprobieren, was hilft: Wenn wir mit ihm bewusst spielen, macht es dann auch so viel Quatsch? Können wir gemeinsam spielen oder streiten wir dann – und dann macht das Kind noch mehr Unfug? Sind wir uns einig, was erlaubt ist, wenn wir zu dritt sind, oder nicht?

So können wir uns an die Lösung herantasten und herausfinden, welcher Lernprozess hinter dem Verhalten des Kindes steckt.

Wie viel Schaden habe ich bei meiner bald vierjährigen Tochter bis jetzt angerichtet, wenn ich das Gefühl habe, bis jetzt alles falsch gemacht zu haben?

Eine solche Frage ist pauschal nie zu beantworten, weil »alles falsch« nicht umrissen ist … und sicherlich auch nicht zutrifft. Wir machen nie *alles* falsch. Dennoch können uns als Eltern Fehler passieren – weil wir nicht genug wussten, weil unsere eigenen Erziehungserfahrungen uns stark geprägt haben, weil wir vor schwierigen Abwägungen standen – und wir uns hinterher wünschen, andere Entscheidungen getroffen zu haben.

Aber es gibt eine wichtige Antwort, die ich auf jeden Fall immer geben kann: Es gibt nichts, das wir mit Liebe nicht wieder gutmachen können. Es kann etwas dauern, es kann sein, dass das Kind erst mal total über die Stränge schlägt und wir uns eine Weile unterwerfen müssen, um wieder Frieden möglich zu machen. Aber es wird klappen. Und die gute Nachricht ist: Das geht sogar noch, wenn unser Kind schon 45 Jahre alt ist. Kein Scherz. Liebe heilt immer, egal in welchem Alter.

Mein artgerecht-Blick auf Grundschulkinder

Plötzlich ist er da, der erste Schultag. Die Kinder sind »aus dem Gröbsten heraus«, es beginnt ein neuer Abschnitt und irgendwie dachten wir vielleicht, jetzt wird alles leichter. Aber wenn man wie ich auf die physiologische Entwicklung der Kinder schaut, erkennt man schnell: weit gefehlt – die Gehirnentwicklung unserer Kinder ist noch lange nicht abgeschlossen. Viele Kinder brauchen noch mindestens vier Jahre – also etwa bis zum zehnten Geburtstag –, um ihre Impulskontrolle und ihre sozialen Kompetenzen so entwickelt zu haben, dass sie weitgehend alleine durch ihren Alltag kommen. Und der wird jetzt richtig spannend: Sie müssen früh aufstehen, ihre Schulsachen organisieren, sich in einer neuen Gruppe zurechtfinden, Hausaufgaben machen.

Die amerikanische Autorin und Elterncoachin Sarah Ockwell-Smith unterscheidet zwischen der Erziehung großer und kleiner Kinder so: Kleine Kinder verlangen von uns die Erfüllung körperlich herausfordernder, aber sonst relativ einfacher Bedürfnisse. Große Kinder haben deutlich komplexere Probleme und emotionale Bedürfnisse, die wir berücksichtigen müssen. Im Grundschulalter leben wir eine seltsame Mischung aus beiden. Denn auch Grundschulkinder (und Teenager übrigens auch) sehnen sich danach, ihre Grundbedürfnisse erfüllt zu bekommen. Dazu gehört auch das Bedürfnis, in den Arm genommen und getröstet zu werden, zu spielen, klein sein zu dürfen, Hilfe zu bekommen und bedingungslos geliebt zu werden, auch wenn sie keine Lust auf Hausaufgaben haben.

Manche Grundschulkinder machen angesichts dieser aufregenden Transformation erst mal einen großen Schritt zurück – sie werden morgens nicht fertig, sie nässen unter Umständen nachts wieder ein, sie sind erst einige Wochen Feuer und Flamme für die Schule und dann völlig überfordert. Die anfängliche Begeisterung für die Schule lässt bald nach und Hausaufgaben werden zu einer Zerreißprobe am nachmittäglichen Familientisch.

Die Kinder müssen in diesem Alter viele Entwicklungsaufgaben bewältigen.

Ein zweijähriges Kind hat dreimal so viele Synapsen – also Nervenverbindungen im Gehirn – wie ein Erwachsener. Damit das Gehirn effektiv arbeiten kann, werden diese Verbindungen ab jetzt Stück für Stück wieder abgebaut und nur die behalten, die wirklich gebraucht werden. Der erste Schub dieses Prozesses ist um den fünften Geburtstag herum, der zweite kurz vor der Pubertät. Das heißt auch: In dieser Zeit legen wir vieles fest, das die Kinder ein Leben lang begleiten wird, denn ihr Gehirn sortiert, was »wichtig« und was »abbaubar« ist.

Gleichzeitig werden die Verbindungen isoliert, biologisch gesehen mit fetthaltigen Schichten (Myelin) überzogen, damit die Nervenimpulse optimal über große Strecken weitergeleitet werden können. Jetzt kommt die wichtige Nachricht: Dieser essenzielle Ausbauschritt auf dem Weg hin zu einem reifen Gehirn findet gerade im wichtigen Gehirnbereich des Frontallappens, der der Sitz der Persönlichkeit und des Sozialverhaltens ist, erst in der späten Pubertät oder den frühen Zwanzigern sein Ende.

Unsere Grundschulkinder haben also trotz all ihrer Fähigkeiten immer noch viel Zeit, ihre Persönlichkeit sowie ihre sozialen Fähigkeiten zu entwickeln. Gleichzeitig ist ihr rationales und logisches Denken manchmal recht langsam und stattdessen giert ihr Gehirn nach spannenden Erfahrungen, was zu risikoreichen Experimenten, besonders im späteren Grundschulalter führen kann. Kinder in diesem Alter versuchen Probleme oft mit anderen Teilen des Gehirns zu lösen als mit ihrem Verstand – weswegen unsere sonst so vernünftigen Kinder sich dann doch noch »wie ein kleines Kind« oder »wie ein wütender Löwe« benehmen. Wenn sie morgens ihre Federmappe nicht finden, kann es sein, dass sie zusammenbrechen wie ein Dreijähriges, das kein zweites Eis bekommt, und es ist unsere Aufgabe, sie zu beruhigen und mit ihnen zu überlegen, wo sie sie gestern hingelegt haben – statt zu schimpfen, dass sie jetzt aber wirklich alt genug wären, um Ordnung zu halten. So helfen wir ihrem Gehirn, die Impulse in die richtigen Bahnen zu lenken und Lösungen zu finden.

In dieser Zeit kommt es darauf an, dass wir den Kindern mit Offenheit, Wärme und Unterstützung begegnen, denn das wird die nächste Phase, die Pubertät der Kinder, stark prägen.

Die Elternfrage
Kleine Hausaufgabenhasser

Meine Tochter geht gerne in die Schule, aber sobald es an die Hausaufgaben geht, gibt es ein Drama. Anfangs ging es noch ganz gut, aber mittlerweile sitzt sie da, jammert, dass sie es nicht kann, konzentriert sich nicht und treibt mich zum Wahnsinn. Was kann ich tun?

Nicolas Soforthilfe

Wenn Kinder verweigern, steckt dahinter immer eine Botschaft. Wir müssen hier also wieder das Bedürfnis hinter dem Verhalten herausfinden: Ist das Kind müde? Überfordert? Will es lieber spielen? Ist es gelangweilt? Es lohnt sich auch, mit den Lehrkräften zu sprechen und zu schauen, ob das Pensum für das Kind zu hoch ist.

Eine andere interessante Sache: Die Wissenschaft hat vor 30 Jahren angefangen, das Thema zu erforschen. Es gibt Hinweise darauf, dass Hausaufgaben nur einen begrenzten Lerneffekt haben, besonders wenn sie zu Hause unter Druck und ohne Hilfe stattfinden. Das Üben von Matheaufgaben oder Vokabeln ist noch am ehesten effektiv, aber viele andere Hausaufgaben bringen die Kinder möglicherweise gar nicht weiter. Und dass sie dabei helfen, selbstständig zu lernen, ist zumindest umstritten. Zudem sind sie sozial massiv ungerecht: Kinder aus bildungsnahen Haushalten erhalten daheim mehr Unterstützung und am nächsten Tag ein Lob, während Kinder aus bildungsfernen Haushalten keine Unterstützung bekommen und oben drauf am nächsten Tag Ärger in der Schule, weil ihnen niemand geholfen hat. Wenn meine Kinder verweigern, muss ich daher oft schmunzeln – sie brauchen keine Studien, um zu wissen, dass es auch anders gehen könnte.

Daher meine Empfehlungen:

- Versuchen wir eine Schule zu finden, die wenig oder keine Hausaufgaben aufgibt.
- Sagen wir unseren Kindern, dass wir wissen, dass es doof und überflüssig ist, dass wir manche Systeme nicht ändern können, es aber gemeinsam hinkriegen.
- Sprechen wir mit den Lehrkräften, was sie mit den Hausaufgaben bezwecken.

- Helfen wir den Kindern kompromisslos – bis dahin, dass wir die Bilder für sie malen, die Handarbeit für sie stricken oder ihnen den Taschenrechner in die Hand drücken.
- Schreiben wir Entschuldigungen, wenn es mal nicht klappt, damit die Kinder nicht am nächsten Tag Ärger für etwas bekommen, dessen Nutzen zumindest umstritten ist.

Die Frage hinter der Frage

Wenn unser Schulsystem ein Tanker ist, der nur sehr, sehr langsam den Kurs wechselt, was können wir tun?

Uns wird gesagt: Hausaufgaben fördern das selbstständige Lernen und festigen den Lernstoff.

Tatsächlich ist es aber so, dass man Lernen zwar lernen kann – aber nicht, wenn man mit Aufgaben alleinegelassen wird am Nachmittag, wenn man eigentlich spielen will.

Für die oben zitierte Studie hat der Erziehungswissenschaftler Schüler aus der dritten und sechsten Klasse einer Schule in Duisburg in zwei Fächern vier Monate lang keine Hausaufgaben machen lassen (die einen in Mathe, die anderen in Deutsch). Anschließend machte man einen Test und verglich die Ergebnisse mit der Gruppe von Kindern, die weiterhin Hausaufgaben gemacht hatten. Das Ergebnis: Die Hausaufgaben hatten keinen Effekt darauf, wie die Kinder abschnitten. Jetzt kann man natürlich argumentieren, dass es natürlich auch vom Kind, vom Elternhaus und weiteren Faktoren abhängt, wie gut Kinder lernen. Was wir aber sehen ist, dass Hausaufgaben nicht per se einen Effekt haben.

Wir können mit diesen Ergebnissen mit den Lehrern in Kontakt bleiben, darüber sprechen, uns ihre Meinungen und Überzeugungen anhören und um Kommunikation bitten. Wir können ihnen zurückspiegeln, was es mit unseren Kindern nachmittags macht. Wir müssen darauf gefasst sein, dass auch pädagogisches

Fachpersonal internen und äußeren Zwängen unterliegt und vielleicht gar nicht glücklich damit ist, sich über die Vorgaben nicht hinwegsetzen zu können. Aber wenn wir in unserer Gesellschaft miteinander im Gespräch bleiben, können wir viel verändern – langsam, aber sicher. Und vielleicht ändern wir es noch nicht für unsere Kinder, aber dann vielleicht für die Kinder unserer Kinder.

Was also tun?

Julia Dibbern hat mir mal gesagt: »Lass niemals die Schule zwischen dich und dein Kind kommen.« Ich finde das einen sehr weisen Rat: Bleiben wir immer die Komplizen unserer Kinder. Stehen wir unbeirrbar an ihrer Seite. Gleichzeitig sollten Lehrpersonen ebenfalls immer unsere Verbündeten sein, auch wenn sie unter Sachzwängen stehen, die wir alle gerne weghexen würden. Auch hier sollten wir auf Augenhöhe und im Gespräch bleiben – und im Zweifelsfall gemeinsam nach Lösungen suchen, statt gegeneinander zu arbeiten.

Und nicht zuletzt können wir unseren Kindern beibringen, damit umzugehen, dass das Leben manchmal irrational und unverständlich ist. Wer weiß, was dann passiert – manche sanfte Revolution geht von unten aus.

Die Elternfrage
Ausgeschlossen werden

»Du bist nicht mehr meine Freundin!« – In der Klasse meiner Tochter gehen Streiterei und Sich-anfiesen ständig im Kreis und mein Kind leidet sehr darunter. Wie kann ich sie unterstützen, wäre es gut, die anderen Eltern oder Lehrkräfte einzubeziehen?

Nicolas Soforthilfe

Wir müssen mit unserem Kind das Entwickeln und Verfeinern der sogenannten »Theory of Mind« üben – das bedeutet, sich eine Vorstellung davon zu machen, was in den Gedanken, Überzeugungen und Absichten der anderen vor sich geht. Überlegen wir gemeinsam: Was ist da los? Was passiert in der Gruppe? Woran könnte das liegen? Wie kann sich unser Kind davon abgrenzen?

Wenn es richtig arg ist, sollten wir eine Ebene höher gehen und mit dem Lehrpersonal darüber sprechen, was sie sehen, wie sie die Situation einschätzen, was sie in der Schule und was wir zu Hause tun könnten.

Denn es ist ein Irrtum, dass die Kinder das »schon alleine lösen«. Sie sind in einem Alter, in dem ihnen Empathie schwerfällt, und können Führung, Hilfe und Anleitung gut aufnehmen.

Die Frage hinter der Frage

Warum sind die Kinder in dem Alter so rauh miteinander?

Die Gehirnentwicklung in den Grundschuljahren beinhaltet, dass die Kinder irgendwann stärker ihren Verstand benutzen und weniger ihre älteren Gehirnregionen, die sie als Kleinkinder in den Wutanfall geführt haben. Der Nachteil: In den älteren Gehirnarealen sitzt die Empathie und wenn jetzt dieser Shift stattfindet und die Kinder sich erstmals stärker auf ihre Logik verlassen, können sie ziemlich mitleidslos wirken (und sich auch verhalten). Sie müssen sich erst selbst entdecken, bevor sie sich wieder gut in andere einfühlen können. Von außen wirkt das oft erschreckend: Manche wollen einfach die neue Klassenkameradin nicht einladen, auch wenn es sozial noch so wünschenswert wäre, dem schüchternen Kind eine Chance zur Integration zu geben.

Was also tun?

Als Eltern des angefeindeten Kindes ist es wichtig, dass wir mit den anderen Erwachsenen ins Gespräch gehen. Wir können unser Kind stärken, aber am Ende sollten die Großen alle an einem Strang ziehen. Wenn unser Kind andere ausgrenzt, sind wir Eltern gefragt, den Kindern sanft Empathie näherzubringen, sie daran zu erinnern, wie sich andere fühlen und was sie mit ihren Aktionen auslösen. Wir können mit ihnen darüber sprechen, welche alternativen Verhaltensweisen es geben könnte. Und sonst sollten wir darauf vertrauen, dass sie nicht zu mitleidslosen Egoisten heranwachsen werden. Denn ihre Stimmungsschwankungen und harten Entscheidungen (»Nein, mit der spiele ich nicht mehr!«) sind nur Teil der Entwicklung ihres Gehirns. Wenn wir jetzt sanft dranbleiben, werden sie sich zu sozialen Wesen entwickeln.

Die Elternfrage
Freunde finden

Mein Kind hat noch keine Freunde in der Grundschule gefunden – wie gehe ich damit um? Es wünscht sich Kontakt mit Gleichaltrigen, aber ich glaube, es stellt sich ein bisschen ungeschickt an. Ich bin nicht sicher, wie stark ich da eingreifen und versuchen soll, Kontakte anzubahnen.

Nicolas Soforthilfe

Wir können unserem Kind helfen, die sozialen Fähigkeiten zu entwickeln, die es braucht, um Freundschaften zu knüpfen. Üben wir mit unserem Kind Folgendes:

- Gemeinsamkeiten mit anderen Menschen finden und darüber sprechen
- Fragen stellen und Interesse an anderen zeigen – statt unter Stress nur über sich selbst zu sprechen
- Einfache Sätze, mit denen man ein Gespräch beginnen kann, wie »Wie heißt du? Hast du Geschwister? Wollen wir diese Übung gemeinsam machen?«.
- Sich selbst vorstellen, damit andere etwas von uns erfahren: »Ich bin Timm, ich habe zwei Schwestern und einen Hund und ich spiele gerne Schach. Und du?«
- Freundlich sein und Zuneigung zeigen: »Ich hab mich gefreut, mit dir an einem Tisch zu sitzen«, »Das ist echt ein cooler Rucksack!«.
- Grenzen freundlich ziehen: »Ich teile gerne meine Stifte mit dir, aber ich möchte, dass du mich fragst.«
- Anderen helfen, auch wenn man nichts davon hat, Essen teilen, Spiele anbieten
- Ausprobieren, mit welchen Sätzen man andere einladen kann, gemeinsam Zeit zu verbringen

Ganz konkret können wir auch: Einzelne Kinder gezielt einladen – damit tun sich Grundschulkinder manchmal noch schwer – und dann in der ersten Stunde der ersten Treffen gemeinschaftsbildende Dinge tun: Plätzchen backen, eine Hütte bauen, Schwimmen gehen, statt die Kinder sofort alleine spielen zu lassen. Wir können uns mit mehreren Eltern und ihren Kindern treffen, kleine Partys veranstalten, gemeinsam Pfannkuchen machen oder basteln, Lerngruppen oder Ausflüge organisieren, einzelne Freundschaften pflegen.

Manche Kinder brauchen diese Unterstützung nicht, anderen hilft es enorm, wenn die Eltern ihnen vorleben, wie man Netzwerke knüpft – eine Fähigkeit, von der sie ein Leben lang profitieren werden.

Die Frage hinter der Frage

Stresst es uns, wenn unser Kind noch nicht »integriert« ist? Was macht das mit uns?

Manchmal geht es den Kindern grundsätzlich gut und sie finden sich noch ein paar Wochen ein, bevor sie in der Gruppe ankommen. Andere Kinder leiden darunter, dass »niemand sie mag«. Statt dass wir jetzt mitleiden (»Das geht mir schon mein ganzes Leben lang so! Andere Kinder sind einfach doof!«), können wir gemeinsam mit unserem Kind Strategien entwickeln und neue Wege ausprobieren.

Und vielleicht müssen wir auf lange Sicht auch einfach respektieren, dass unser Kind nur ein oder zwei enge Freunde findet und diese Freundschaften pflegt – jedes Kind ist anders.

Was also tun?

Schauen wir zuerst: Wie geht es allen mit der Situation? Brauchen wir noch Zeit? Und wenn nicht, sehen wir das Knüpfen von Freundschaften als interessantes soziales Experiment und ermutigen wir unser Kind, es mit uns zu gestalten. Denn gerade in der Grundschulzeit haben wir noch viel Spielraum, um Kinder zu verbinden, da sie mit uns auf Ausflüge gehen, lustige Aktionen in der Regel gerne mitmachen und leicht zu begeistern sind.

Die Elternfrage
Schüchtern sein

Mein Sohn ist wahnsinnig schüchtern. Fremde, auch fremde Kinder, sieht er gar nicht an und wenn er begrüßt wird, schaut er zu Boden. Auch mit unseren Verwandten spricht er kaum oder nur ganz leise. Wie gehe ich damit um?

Nicolas Soforthilfe

Welche Sorgen wir auch immer mit den Freundschaften unserer Kinder haben, es gibt eine Grundlage, an der wir sofort arbeiten können: das Selbstwertgefühl unseres Kindes.

Ein Kind, das sich selbst als wertvoll und liebenswert empfindet, tut sich leichter, Freunde zu finden – und findet eher Freunde, die ihm oder ihr guttun. Und es kann auch eher formulieren, wenn wir uns zu viel Sorgen machen, weil es einfach gerne mit sich oder wenigen Freunden ist. Hier einige Ideen für ein besseres Selbstwertgefühl:

- Schauen wir mit unserem Kind auf die Dinge, die es an sich mag, die an ihm wunderbar sind.
- Lehren wir unser Kind, seinen eigenen inneren Kritiker zu erkennen (»Ich kann Mathe ja doch nicht!«) und zu entlarven. Dann üben wir mit ihm, den negativen Gedanken umzudrehen: »Das Gehirn ist ein Muskel und Mathe ist eine Frage der Übung – ich kann das schaffen!«
- Jedes Kind profitiert von einem Hobby, das es wirklich liebt. Manchmal kostet uns das Aufwand, Zeit und Geld, aber es stärkt das Selbstbewusstsein unserer Kinder ungemein, das zu tun, was sie begeistert und worin sie gut sind.
- Lehren wir unsere Kinder, das Jetzt zu genießen: ein Glas klares Wasser, ein Sonnenuntergang, eine Kuschelrunde. Indem

wir kurz in unserem Tun innehalten und diese Momente benennen: »Wow, schau dir die Sonne an, was für ein Geschenk, dass der Himmel gerade so strahlt«, lernen die Kinder ihre Aufmerksamkeit auf den jetzigen Moment zu richten.

- Richtiges Loben hilft gerade Mädchen im Grundschulalter enorm: Wir loben nicht das Ergebnis (»Eine Eins in Mathe, du bist aber schlau!«), sondern den Prozess (»Eine Eins in Mathe – da hast du dich aber reingehängt!«). Dadurch zeigen wir den Kindern, worauf es ankommt, um Erfolge zu haben: Üben, Dranbleiben, um Hilfe fragen.
- Dankbarkeit ist auch für Kinder eine wichtige Fähigkeit. Schon mit Vorschulkindern können wir abends überlegen, wofür wir heute dankbar waren. Wir wissen aus der Forschung, dass Dankbarkeit positive Emotionen hervorruft, die unserem Kind helfen, in stressigen Situationen zur Ruhe zu finden.
- Respektieren wir unser Kind: Wir sollten es niemals bloßstellen, aufziehen, veralbern, klein machen. Respektieren wir seine Ansichten und machen uns zum Beispiel über seine Vorlieben (bezüglich Süßigkeiten oder Bildschirmen) nicht lustig, sondern gehen respektvoll damit um. Ein Kind, das sich angenommen fühlt, wird leichter auf andere zugehen und auch diesen mit Wertschätzung und Respekt begegnen.

Die Frage hinter der Frage

Horchen wir mal in uns hinein: Hat das Kind ein Problem mit seiner Schüchternheit und braucht Unterstützung? Oder wollen wir, dass es beliebter ist, damit es uns besser geht?

Vielleicht haben wir Sorge, dass unser Kind ein Einzelgänger sein könnte. Und wenn ja – was würde das für uns bedeuten? Dazu gehört auch die Frage, was wir unseren Kindern vorleben:

Wie pflegen wir unsere Freundschaften, wie knüpfen wir unsere Netzwerke und was davon bekommen unsere Kinder mit? Vielleicht ist ein erster Schritt, dass erst mal wir Eltern unsere Freunde, die wir in der anstrengenden Kleinkindzeit vernachlässigt haben, wieder anrufen, einladen und mit ihnen feiern!

Was also tun?

Auch hier gilt: erst mal durchatmen. Kinder haben unterschiedliche Herangehensweisen an das Thema Freundschaft und brauchen oft auch einfach Zeit, um sich in einer neuen Situation zurechtzufinden. Außerdem wechseln besonders in der Grundschule Gruppenzugehörigkeiten und Freundschaften schnell und häufig, sodass wir uns erst mal keine Sorgen machen müssen. Manche Kinder sind schlicht introvertierter und zufrieden mit einigen wenigen Freunden, vielleicht sogar noch aus der Kindergartenzeit. Das ist okay. Wir sollten immer im Gespräch mit unserem Kind bleiben und schauen, was es sich wünscht und wie es ihm geht. Und es an dieser Stelle dann unterstützen.

Die Elternfrage
Falsche Freunde?

Mein Kind hat Freunde in der Grundschule, aber ich habe das Gefühl, dass sie meinem Kind nicht guttun. Soll ich diese Freundschaften unterbinden?

Nicolas Soforthilfe

Das Wichtigste ist jetzt: Ruhe bewahren.

Wir können uns die Freunde unserer Kinder nicht aussuchen. Wenn wir das Verhalten der Freunde zu stark kritisieren oder uns sogar gegen sie stellen, riskieren wir, dass unser Kind uns nichts mehr erzählt und dann auch nicht mehr mit seinen Sorgen zu uns kommt. Was können wir tun?

- Wir können mit unserem Grundschulkind versuchen, vorsichtig zu ergründen, warum sich Freunde so verhalten, wie sie es tun, und lehren so gleich »Theory of Mind«, also das Verstehen der Absichten eines anderen Menschen.
- Wir können herausfinden, welche Aktivitäten mit den Freunden unserem Kind guttun und welche nicht (wenn es zum Beispiel immer Streit bei Dreier-Verabredungen gibt oder beim Tabletspielen, aber nicht zu zweit oder beim Rollschuhfahren).
- Wir können mit unserem Kind erörtern, welche Freunde welchen Einfluss auf es haben, und ihm erklären, dass jeder Mensch, mit dem wir Zeit verbringen, einen Eindruck in unserer Seele hinterlässt.
- Wir können mit den Eltern der anderen Kinder sprechen und herausfinden, welche Nöte die Kinder eventuell haben, die unserem Kind gerade nicht guttun (etwa weil sie sehr unzuverlässig sind).
- Wir können unserem Kind beibringen, sich nicht an Lästereien oder Gemeinheiten zu beteiligen.
- Und ja, wir können die Erweiterung des Freundeskreises fördern und toxische Freundschaften, die wir nicht verbessern können, einfach weniger unterstützen.

Die Frage hinter der Frage

Inwieweit haben wir noch Kontrolle über die Peergroup eines Grundschulkindes?
Kleinkindfreundschaften sind einfach und direkt, aber jetzt wird es schwierig. Einerseits ist es wichtig, mit welchen Kindern sich unser Kind umgibt, weil die Peergroup auf lange Sicht einen starken Einfluss haben wird – besonders später auf unseren Teenager. Andererseits geben wir jetzt langsam die Kontrolle aus der Hand und wir tun gut daran, die Freunde unserer Kinder zu respektieren und eher näher an uns zu binden, damit wir einen gewissen Einfluss behalten, als sie abzulehnen und somit Freunde und unsere eigenen Kinder von uns wegzutreiben.

Was also tun?

Atmen. Dafür achtsam werden, was es für einen guten Kern in jedem Menschen gibt, und diesen fördern. Mit unserem Kind im Gespräch bleiben und immer wieder schauen: »Wie geht es dir damit? Was brauchst du?« Und ansonsten darauf vertrauen, dass ein selbstbewusstes Kind sich dauerhaft von Freunden trennen wird, die ihm nicht guttun.

Die Elternfrage
Gefühle regulieren

Meine Tochter, sieben Jahre, wird seit Kurzem sehr schnell sehr laut zu ihren Brüdern und uns Eltern. Mal geht es um Kleinigkeiten, mal verstehen wir den Anlass, aber die

Heftigkeit ist irgendwie nicht nachvollziehbar. Warum verliert sie so schnell die Kontrolle?

Nicolas Soforthilfe

Das ist ein klassischer Fall für einen Blick hinter die Kulissen und die Frage: Was stresst das Kind?

Ein Kind – oder ein Mensch generell –, das schnell laut wird, hat entweder tatsächlich etwas mit den Ohren oder ein aktives Stresssystem. Das mit den Ohren ist kein Witz – viele Grundschulkinder hören manchmal nicht, wie laut sie selbst sind, manche bringen die Lautstärke aus der Schule mit und es könnte sogar eine Wahrnehmungsstörung dahinterstecken. Wenn das Kind aber »schnell« laut wird, klingt es eher nach einem Kind, das sich schneller als sonst aufregt und damit ein aktives Stresssystem hat.

Wir können also nachforschen: Was ist da los? Gemäß »Ockhams Messer« (siehe die Elternfrage *Schon trocken, doch nicht ganz* im Kleinkindkapitel) klopfen wir erst die wahrscheinlichsten, einfachen Ursachen ab: Hat das Kind Stress in der Schule oder mit Freunden? Ist in der häuslichen Situation etwas anders, sodass das Kind nervös ist? Ist es nicht ausgeschlafen, weil es eigentlich wieder Mittagsschlaf oder -ruhe nach der Schule bräuchte, ist es hungrig, weil es einen Wachstumsschub hat, oder ist es einfach ein siebenjähriges Kind, dessen Gehirn sich gerade stark entwickelt und das deshalb eine kurze Lunte hat?

Wir sollten auf jeden Fall mit unserem Kind im Gespräch sein und sichtbar machen, was hier passiert: »Ich höre, du wirst gerade ganz schön laut, wenn wir über dieses Thema reden, das scheint dir wirklich wichtig zu sein. Die Lautstärke ist für mich zu viel, gleichzeitig höre ich, dass dir das wirklich ein Anliegen ist, und ich will verstehen, was du brauchst. Lass uns schauen, was wir tun können.«

Erst wenn wir hier nicht weiterkommen, wäre unter Umständen der Gang zum Ohrenarzt eine Überlegung wert.

Die Frage hinter der Frage

Wieder einmal fragen wir: Was ist das »Bedürfnis hinter dem Verhalten«?

Hat das Kind das Gefühl, dass es nicht gehört wird? Hört es selbst nicht gut? Ist es gestresst? Ist es mit sich sehr beschäftigt und ihre Brüder stören sie gerade massiv? All das ist möglich und in Ordnung. Und dann ist da die Frage: Darf ein Kind auch laut und patzig mitteilen, dass es mit der Gesamtsituation unzufrieden ist? Für mich gilt bei Kindern: »Wer schreit, hat recht.« Wenn ein Kind schreit, ist es dysreguliert, hat also recht damit, uns dies mitzuteilen, und es ist unsere Aufgabe als Erwachsene, die Situation wieder einzufangen, ohne selbst in Stress zu geraten.

Was also tun?

Wir schauen hinter das Verhalten. Wir schauen, was es mit uns macht, und wir versuchen uns in die Schuhe des Kindes zu stellen und herauszufinden, was dazu führt, dass dieses Kind sich nur gehört fühlt, wenn es schreit. Oder was dazu führt, dass da so viel Druck herausmuss. Wir gehen also auf Ursachensuche, statt das Symptom abzustellen. Denn wenn wir die Ursache finden, erledigt sich das Symptom von alleine.

Die Elternfrage

Rückschritte nach der Einschulung

Mein Sohn ist sechs Jahre alt. Seit dem ersten Schultag haben wir zwei Probleme: Erstens zieht er sich morgens nicht mehr selbstständig an, was früher problemlos ging. Ich muss ihm entweder mit allem helfen oder so viel Druck machen, dass es jeden Morgen Geschrei gibt. Und außerdem hat er wieder angefangen, ins Bett zu machen. Wie gehe ich damit um?

Nicolas Soforthilfe

In die Schule zu gehen ist für viele Kinder ein großer, aufregender Neuanfang. Auf Entwicklungsanforderungen solcher Größe reagieren viele ihre ganze Kindheit lang mit Rückschritten – sie fallen hinter Fähigkeiten zurück, die sie eigentlich schon hatten. Da hilft nur eines: Wir müssen den Druck aus dem System nehmen, damit das Kind wieder sicheren Boden unter den Füßen bekommt.

Ein Kind, das sich morgens nicht anzieht, braucht vor allem Hilfe. Vielleicht können wir die Kleider morgens anwärmen, damit es angenehm und gemütlich ist, vielleicht legen wir das Kind mit frischer Unterwäsche ins Bett, sodass morgens nur noch die Jeans und der Pullover übergezogen werden müssen (siehe auch die Elternfrage *Stress am Morgen*).

Wenn das Kind wieder einnässt, dann bleiben wir vor allem ruhig und gelassen und signalisieren: Das wird wieder vorbeigehen. Wir wechseln ruhig nachts die Bettwäsche oder nehmen das Kind abgetrocknet und frisch angezogen einfach zu uns. Wenn wir es waschen müssen, dann nur mit warmem Wasser, damit es sich nicht erschreckt. Wir sollten alles vermeiden, was sein

Stresssystem anspringen lässt, und ihm stattdessen Wärme, Sicherheit und Zuwendung schenken.

So wird auch diese Phase vorübergehen und das Kind kann weiter wachsen.

Die Frage hinter der Frage

Wie gut müssen unsere Kinder funktionieren? Wie viel Leistung müssen sie bringen?

Wir verlangen oft schon viel von kleinen Kindern, in der Schule wird es eher mehr als weniger. Viele Kleinkinder und Schulkinder haben Tage, die genauso lang oder länger sind als der Arbeitstag eines durchschnittlichen Erwachsenen. Manche Kinder kommen damit prima klar und kommen energiegeladen und kooperativ aus der Nachmittagsbetreuung. Aber genauso häufig sind die Kinder müde, erschöpft und spätestens Freitagnachmittag nicht mehr zu genießen. Wenn wir merken, dass es für uns oder das Kind zu viel ist, dann sollten wir also immer zuerst überprüfen, inwieweit wir den »Arbeitstag« unserer Grundschulkinder entlasten oder verkürzen können. Geht das nicht – und das wird oft der Fall sein – bleibt nur unsere Liebe, Nachsicht und Wärme.

Was also tun?

Wir brauchen die Kraft, es für unsere Schulkinder so sanft wie möglich zu machen. Das heißt nicht, dass wir sie wie die berüchtigten, überfürsorglichen »Curling-Eltern« nur auf geebneten Wegen wandeln lassen. Aber das heißt, dass wir sie immer begleiten, anhören, respektieren und dann versuchen, mit ihnen gemeinsam das Problem zu lösen. Denn sie sind alt genug, um einbezogen zu werden, aber noch so klein, dass wir sie weiterhin begleiten und beschützen müssen.

Die Elternfrage
Fürsorge oder schon Helikoptern?

Neulich hat die Hort-Erzieherin zum wiederholten Mal mein Kind angeschrien. Nachdem ich das erfahren habe, habe ich das Gespräch gesucht und sie gebeten, ihr Verhalten zu ändern. Nun findet mein Mann, ich sei eine Helikopter-Mum – hat er recht?

Nicolas Soforthilfe

Dies ist keine Erziehungsfrage, sondern eine Paarfrage. Und eine Paarfrage gehen wir am besten mit Empathie und noch mehr Fragen an, nämlich solchen, die wir unserem Partner stellen können:

- Was ist für dich eine Helikopter-Mum?
- Welche Sorge hast du?
- Was ist das Schlimmste, das passieren könnte?
- Wie würdest du es machen?
- Welche Optionen haben wir in dieser Situation?
- Wie könnten wir es gemeinsam machen?
- Was wünschst du dir von mir?
- Was hättest du dir als Kind gewünscht?
- Was, glaubst du, braucht unser gemeinsames Kind?

Und dann können wir in den Austausch gehen. Dabei sollten wir aufpassen, dass wir dem anderen ein »Ja« geben – ja, ich höre dich und ich nehme deine Bedenken ernst. Genauso wichtig ist es, Du-Botschaften zu vermeiden (also Sätze wie »Nie verstehst du mich!«) und über unsere Gefühle zu sprechen, statt nach Richtig und Falsch zu fragen. Was wir unbedingt vermeiden sollten, sind die vier apokalyptischen Reiter, die ein gegenseitiges Verstehen in jeder Beziehung unmöglich machen können:

1. Zerstörerische, allumfassende Kritik: »Weil du immer, weil du nie, wieder mal, schon wieder, dein Problem ist …«
2. Reflexhafte Rechtfertigung: »Stimmt doch gar nicht! Ja, aber ich! Und überhaupt, du …!«
3. Bewusste Verletzung des Partners durch Sarkasmus, Zynismus oder Spott: »Na toll, du Oberchecker! Genauso ein Patriarch wie dein Vater!«
4. Rückzug: Wir verweigern den Kontakt, reden nicht mehr miteinander und sind gemeinsam einsam.

Wenn wir es schaffen, ohne diese Strategien auszukommen, können wir aus diesem ersten Streit in einen interessanten Dialog kommen über Sorgen, Ängste, Außenwirkung, unsere eigene Erziehung, unsere Wünsche und Sehnsüchte. Es kann ein Dialog sein, der uns einander näherbringt, statt uns zu entfremden (siehe auch die Elternfrage *Ich fühle mich alleingelassen*).

Die Frage hinter der Frage

Was tut hier weh?

Oft stecken hinter diesen und ähnlichen Streitpunkten unsere eigene Erziehung – und die Narben, die wir davongetragen haben, die jetzt vielleicht immer noch schmerzen.

Es können auch Sorgen dahinterstecken, unterschiedliche Menschenbilder und Erziehungsziele, aber auch Paarthemen wie Macht, Dominanz, Unsicherheit, sich nicht gesehen fühlen, die Angst, unangenehm aufzufallen, Umstände zu machen, sich unbeliebt zu machen. Wenn wir darüber sprechen, werden diese Ursachen sichtbar, besprechbar und verhandelbar.

Was also tun?

Wir sollten in solchen Momenten immer versuchen, in Kontakt miteinander zu bleiben. Machen wir es, wie es der persische Sufi-Mystiker Rumi aus dem 13. Jahrhundert vorschlug: »Zwischen Richtig und Falsch gibt es einen Ort – dort werde ich dich treffen.«

Die Elternfrage
Frühe Morgen, lange Abende

Seit unser Kind in die Schule geht, muss es früh aufstehen, ist aber nur schwer aus dem Bett zu bekommen. Abends ist es müde und kann trotzdem nicht einschlafen. Bei seinem abendlichen »Ich kann nicht schlafen« weiß ich schon, dass der Morgen gruselig wird. Außerdem brauchen wir auch mal Feierabend. Was tun?

Nicolas Soforthilfe

Oft machen sich Eltern viele Gedanken, damit ihr Grundschulkind, das jetzt ja wirklich früh aufstehen muss, pünktlich im Bett ist – und sind enorm gestresst, wenn das Kind seine Einschlafzeit hinauszögert (mit Toilettengängen, abendlichem Hunger oder schlicht Verweigerung) oder wenn es im Bett liegt und nicht schläft.

Das Erste, was wir tun, ist Ursachenforschung:
- Wird das Kind krank?
- Schläft es am falschen Ort (alleine im Dunkeln) oder zur fal-

schen Zeit (noch nicht müde oder schon über seinen Müdigkeitspunkt hinaus)?

- War der Tag aufregend, ist morgen ein herausfordernder Tag (dann kann es helfen, mit dem Kind gemeinsam zu schlafen, damit mein ruhiger Körper es beruhigen kann)?
- Hat mein Kind Sorgen? Gerade Grundschulkinder, die in komplexen sozialen Systemen stecken und in der Schule Leistungen erbringen müssen oder wollen, haben oft Sorgen, die wir nicht sofort sehen.
- Hat sich etwas verändert (Umzug, Geschwisterchen, neuer Job bei einem Elternteil, andere Arbeitszeiten, Nachmittagsbetreuung)?
- Hat das Kind vor weniger als zwei Stunden noch auf einen Bildschirm geschaut oder etwas Aufregendes gemacht? Dann kann es sein, dass sein Schlafsystem noch nicht im Ruhemodus ist. Eine Massage, ein warmes Bad oder einfach kuscheln können helfen.
- Hat sich das Kind tagsüber genug bewegt? Manchmal ist der Körper einfach nicht müde und unsere Kinder müssen noch mal mit uns 20 Minuten zügig spazieren gehen – was viel positiver ist als 20 Minuten Einschlafstreit.
- Hat das Kind noch eine magische Phase und braucht Monsterspray aus der Sprühflasche (mit Lavendelöl wirkt es besonders beruhigend), damit es sich sicher fühlt?
- Freut sich das Kind auf etwas, das ihm den Schlaf raubt?
- Will das Kind einfach nicht alleine sein oder nichts verpassen, was die Eltern jetzt noch Spannendes machen? Auch dann kann es helfen, wenn einfach ein paar Tage lang alle um die frühe Uhrzeit ins Bett gehen und nur noch etwas lesen – wenn also klar wird, dass jetzt Abend ist und das Programm eeelend langweilig wird.

Die Frage hinter der Frage

Es lohnt sich, in solchen Situationen immer zu fragen: Was wäre, wenn es kein Problem wäre?

Fast jedes Kind kann manchmal nicht schlafen – aber unsere Ohnmacht, dass man Schlaf nicht erzwingen kann, und der Druck, da wir alle morgens früh aufstehen müssen, können enorm belastend sein. Überlegen wir also: Wie würde ich jetzt reagieren, wenn ich mir sagen könnte, dass wir dann eben morgen früh liegen bleiben und keiner aufstehen muss? Auch wenn das nicht möglich ist, kann das Gedankenspiel sehr hilfreich sein, um aus dem inneren Druck des Funktionierenmüssens herauszukommen. Und dann gilt auch hier die Frage: Wie wollen wir leben? Wenn Schlafen zu einem massiven Thema wird, weil wir alle unter so starkem Druck stehen, dann ist es vielleicht Zeit, mit einem Dritten darüber zu sprechen, ob wir etwas ändern können.

Was also tun?

Schauen wir kritisch auf unsere »Das Kind muss ins Bett!«-Haltung und lassen wir los, bevor die Situation eskaliert oder sich festfährt. Sorgen wir für genug Bewegung, eine sichere Schlafumgebung, Raum für die Sorgen des Kindes, wenig Bildschirme und einen ruhigen, rhythmischen Nachmittag. Ich weiß, dass es fast unmöglich klingt, aber es ist der beste Weg, um das Schlafsystem der ganzen Familie erst mal wieder auf Normalnull zu bringen und dann in Ruhe darüber nachdenken zu können, was wir jetzt tun.

Die Elternfrage
Im Haushalt helfen

Wie motiviert man faule oder inzwischen demotivierte oder frustrierte Kinder zum Helfen im Haushalt? Meine beiden sind jetzt so alt, dass ich denke: Ich muss doch nicht mehr alles allein machen!

Nicolas Soforthilfe

Wir dürfen erst mal loslassen und zwar jetzt gleich. Denn wenn wir Kinder haben, die schon demotiviert oder frustriert sind, dann gehen wir immer erst mal einen Schritt zurück, quasi um neu Anlauf zu nehmen und alle einmal durchatmen zu lassen.

Kinder lernen Hilfe im Haushalt am besten als Kleinkinder, wenn sie dazu noch am meisten Lust haben. In diesem Alter wollen sie alles machen, was die Großen machen. Manchmal ist das etwas unpraktisch für uns und wir lehnen ihre Hilfe ab – was schade ist, denn jetzt würden sie es am besten lernen. Und ja, manchmal ist es dann dreckiger als vorher, aber Studien zeigen, dass Kleinkinder, die mithelfen dürfen, wenn sie es wollen, später zu hilfsbereiteren Mitbewohnern werden (siehe auch die Elternfrage *Spielen trotz Erschöpfung?*).

Was tun wir aber, wenn die Kinder keine Lust haben? Folgende Tipps habe ich für Eltern:

- Wir selbst erledigen die Hausarbeit mit Freude – am besten mit sichtbarer Freude. Wenn wir uns nicht dafür begeistern können, die Küche zu putzen (was ich total gut verstehe), dann konzentrieren wir uns auf das Ergebnis und machen das sichtbar: »Ich finde Putzen echt nicht toll, aber wie sauber die Küche ist! Was für eine Freude!«

- Wir machen es uns angenehm: Wir machen Musik an, die alle gerne hören (besonders die Kinder, aber keine Hörspiele, denn sonst versteht man nichts und es wird frustrierend), wir stellen Leckereien auf den Küchentisch, an dem sich die Arbeitenden bedienen können, wir öffnen die Fenster, wir laden vielleicht sogar Freunde ein, die gerne mit uns Hausarbeit machen, um zu zeigen: Dies ist eine Gemeinschaftsaktion.
- Wir geben den Kindern nur die angenehmen Arbeiten und fragen sie höflich nach ihrer Mitarbeit. Wir können sie auch aussuchen lassen: »Wir müssen das Bad putzen ... juhu, Wasserparty! – Wir müssen den Müll rausbringen ... auf dem Rückweg könntest du schnell bei Oma vorbeischauen – Wir müssen saugen ... worauf hättest du Lust?«
- Kinder mögen oft Arbeiten, die sofort einen Effekt haben (saugen) oder bei denen man Spaß haben kann, zum Beispiel alles mit Sprühflaschen (Fenster putzen, Bad putzen), oder bei denen man so richtig rumsauen kann (Terrasse abspritzen, Auto komplett einseifen).
- Wir machen sichtbar, wie befriedigend Arbeit sein kann: »Schau mal, die Krümel hier und whoooosch – weggesaugt, yeah, ich liebe es! Schau mal, wie das Waschbecken wieder glänzt! Was ich besonders mag, sind diese Momente beim Fensterputzen, pass mal auf, erst ist alles dreckig und jetzt sprühe ich und beim ersten Drüberwischen – wiiiiisch – zack, sieht es gleich besser aus!« Es liest sich vielleicht ein bisschen irre, aber so können wir auch selbst unser Dopamin-System im Gehirn am Laufen halten, das uns belohnt, wenn wir unsere Arbeit schaffen.
- Wir akzeptieren, wenn die Kinder nicht wollen, denn wir können und werden niemanden zwingen. Stattdessen versuchen wir, uns einzufühlen: »Dein Tag war schon lang, hm? Na dann, ich schaff das mit dem Müll auch selbst.« Oder: »Du bist echt

generervt vom Samstagsputzen, ich verstehe das, mich nervt es auch.« Und dann lassen wir ohne weitere Vorwürfe los und machen den Kram alleine.

- Alle Kinder, die älter als vier Jahre sind, verstehen, dass und wie es uns hilft, wenn sie helfen (»Dadurch, dass du die Spülmaschine eingeräumt hast, kann ich heute noch ein Spiel mit dir spielen, weil die Küche schon fertig ist. Ich danke dir!«). Wir unterstützen, indem wir ihren Anteil am großen Ganzen in der Familie sichtbar machen (»Seit du so gerne Fenster putzt, geht alles viel schneller und macht auch mehr Spaß!«).

Die Frage hinter der Frage

Müssen Kinder im Haushalt helfen?

Nun ja, es kommt darauf an: Erinnern wir uns daran, dass bei manchen Völkern die Kinder bis zum 14. Lebensjahr praktisch keine Aufgaben im Haushalt übernehmen müssen – ja, bei anderen Völkern müssen sie schon früh mithelfen, aber eben nicht bei allen. Es gibt kein universelles Gesetz dafür. Und in unserer Welt haben sie oft wenig Vorbilder von anderen Kindern, die mithelfen, was den Lernprozess erschwert.

Was also tun?

Als Erstes müssen wir lernen zu lieben, was wir tun, die Dinge achtsam und mit Spaß erledigen. Erst dann können wir den Kindern beibringen, es uns gleichzutun.

Die Elternfrage
Ich komm nicht mit!

Momentan will mein Sohn, sechs Jahre alt, gefühlt aus Prinzip nie mitgehen, wenn wir wegfahren – zum Eisessen, Fahrradfahren, Ausflüge machen. Ich will ihm nicht mit »Zuhauselassen« drohen, weil ich das sowieso nicht umsetzen kann. Wie kann ich ihn ohne Schimpfen überzeugen?

Nicolas Soforthilfe

Kinder, die nicht mitgehen wollen, …

a) haben entweder etwas Interessanteres zu tun (Lego bauen?), das ihrem Gehirn mehr Dopamin verspricht (Tablet spielen?),
b) können sich nicht vorstellen, dass es woanders auch schön sein kann, weil sie im Hier und Jetzt gerade zufrieden und glücklich sind,
c) sind so erschöpft von ihrer Woche, dass sie einfach nachmittags und am Wochenende keine Energie mehr haben und nur noch auftanken wollen.

Sollten wir also das Kind davon überzeugen, mit uns etwas zu unternehmen? Es kommt darauf an, was die Ursache ist: Wenn das Kind Tablet spielen will, statt Fahrrad zu fahren, dann würde ich tatsächlich versuchen, das Kind zu überzeugen beziehungsweise kraft meiner Aufgabe als Eltern und meiner Hoheit über Gesundheitsfragen schlicht verkünden, dass wir jetzt rausgehen. Dann sollten wir aber möglichst das Kind mitentscheiden lassen, was wir draußen tun.

Wenn das Kind versunken Lego baut … tja, Kinder im Flow soll man eigentlich nicht unterbrechen, da wäre ich schon zögerlicher. Wenn das Kind im Hier und Jetzt einfach selig ist, müssen wir als Eltern überlegen, wie sich diese Seligkeit sanft in eine andere Seligkeit transformieren lässt – können wir die Lego-Figuren zum Beispiel mit raus auf die Picknick-Decke nehmen?

Wenn das Kind erschöpft ist, dann setze ich mich besser dazu und wir entspannen gemeinsam. Wenn mir frische Luft wichtig ist, finde ich Wege, wie wir ohne große Aufregung zum Beispiel im Park chillen können. Vor allem gilt bei erschöpften Kindern: Daheimsein und Körperkontakt helfen Wunder, also viel kuscheln, vorlesen, abhängen …

Die Frage hinter der Frage

Verpassen die Kinder etwas, wenn sie so viel zu Hause bleiben? Wissen wir immer, was für die Kinder am besten ist? Verpassen sie etwas, wenn sie unsere guten Vorschläge ablehnen?

Wir Eltern stehen unter dem enormen Druck, möglichst perfekte Kinder zu erziehen, und wollen ihnen viel bieten, für Bewegung, gesundes Essen, Ausgleich zum Alltag sorgen. Wir denken vielleicht an unseren eigenen Schultag, nach dem wir noch lange draußen gespielt haben – aber ging der auch bis 16:00 Uhr? Wenn wir wollen, dass unsere Kinder Erfahrungen draußen machen, ist es hilfreich, wenn wir schauen, was das Kind gerade leisten kann. Wie kann ich es locken? Aber auch: Wie müde ist das Kind? Und wie oft müssen Ausflüge sein? Ist eine Fahrradtour pro Monat vielleicht besser als jeden Samstag Streit, weil das Kind drinnen spielen will?

Was also tun?

Oft haben unsere Kinder viel weniger Interesse an unserem aufregenden Leben und Angeboten als wir – vor allem, wenn sie selbst gerade aufregende Meilensteine wie das Grundschulalter erreicht haben. Wir sollten nie vergessen, dass »im Flow sein und spielen oder abhängen« genauso wichtig für die Entwicklung des Kindes sein kann wie der Museumsbesuch.

Mein artgerecht-Blick auf Wut und Aggression

Das lateinische Wort aggredi heißt eigentlich »sich auf etwas zubewegen« und wird bei uns als »feindliche Verhaltensweise« im Kampf um Ressourcen definiert. Kinder sind oft aggressiv, wenn sie noch keine anderen Strategien haben, um zum Beispiel auf Frustration zu reagieren. Aggression ist per se nichts Schlechtes, Kinder dürfen aggressiv sein. Sie lernen in den ersten sechs Jahren, ihre Impulse immer besser zu kontrollieren, ihre aggressiven Impulse zu hemmen und konstruktive Lösungen zu finden. Und von wem lernen sie das am besten? Von freundlichen, ruhigen Erwachsenen, die ihre eigenen aggressiven Impulse gut im Griff haben.

Aggression wird ausgelöst durch bestimmte Reize und an erster Stelle steht hier bei unseren Kindern Frustration, aber auch Stress, Angst oder Hunger (!). Aggression ist bei uns vor allem negativ besetzt, aber eigentlich hat sie viele positive Aspekte: Sie hilft uns, Ressourcen zu gewinnen und zu verteidigen, Hindernisse zu beseitigen, Neues zu entdecken und unsere Ziele zu erreichen. Wenn dies sozial verträglich, an der Gemeinschaft orientiert geschieht, kann Aggression sogar hilfreich für die Gruppe sein.

Negative Aggression ist alles, was feindselig ist, angreifend, verletzend und destruktiv. Wenn unsere Kinder negativ aggressiv sind, dann sind sie es vor allem im Alter zwischen zwei und sechs. Mit vier Jahren etwa gibt es einen Höhepunkt dieser stressinduzierten, negativen Aggression, an dem wir wirklich manchmal verzweifeln und uns fragen, ob dieses Kind es jemals lernen wird. Und auch Grundschüler können noch aggressives Verhalten zeigen (siehe die Elternfrage *Raufen auf dem Schulhof*).

Aber es zählt nicht so sehr, ob Kinder aggressiv sind, es zählt, ob sie aggressiv *bleiben*. Die Situationen, in denen die Kinder sich nur mit negativer körperlicher Aggression (hauen, schubsen, beißen, schlagen, treten, werfen) zu helfen wissen, sollten im Laufe der Jahre abnehmen. Mit zehn Jahren erreichen Kinder in der Regel ein Level, auf dem sie in so gut wie jeder Situation ohne körperliche Aggression reagieren können. Die Forschung mahnt uns, dass sie es gelernt haben sollten, bis sie 16 sind. Ich erwähne das hier, weil wir oft vor Zwei-, Drei- oder Fünfjährigen stehen und uns fürchten, wir könnten einen kleinen Massenmörder großziehen, weil das Kind schon wieder seine Spielkameraden gehauen oder geschubst hat. Oft machen wir uns zu früh zu große Sorgen. Wenn wir die Kinder ruhig, bestimmt, aber möglichst ohne eigene Aggression begleiten, dann lernen sie es – sicher!

Die Elternfrage
Wen zuerst trösten?

Wenn Kinder hauen, sollte man sich zuerst um das weinende Kind kümmern oder um das hauende? Ich denke mir, Hauen ist doch ein Schrei nach Aufmerksamkeit, und wenn ich zuerst das weinende Kind tröste, dann lernt das hauende vielleicht, dass Aufmerksamkeit gewinnen durch Hauen nicht zielführend ist, oder?

Nicolas Soforthilfe

Zuerst ein paar Grundlagen: Wie lösen wir Konflikte unter Kindern? Die folgenden sieben Schritte können uns ein guter Wegweiser sein:

1. Wir bleiben ruhig.
2. Wir stoppen jede Gefahr.
3. Wir beruhigen die Kinder.
4. Wir hören zu.
5. Wir erklären Regeln und Werte.
6. Wir erarbeiten Lösungen.
7. Wir setzen Lösungen um und sind oft ein Teil davon.

Die Frage steigt also an Punkt drei ein. Wenn wir die Kinder beruhigen – wen beruhigen wir zuerst? Die Antwort ist ganz klar: Wir beruhigen zuerst das Kind, das am meisten Beruhigung braucht. Und es spielt keine Rolle, ob es das »gute« oder das »böse« Kind ist. Wer am meisten Hilfe braucht, kriegt sie. Wenn beide außer sich sind, wende ich mich dem mental schwächeren Kind zu (das kann oft das größere sein) und signalisiere dem anderen, dass ich es sehe und gleich für es da bin.

Warum ein Kind haut, kann viele Gründe haben: Frust, Langeweile, fehlende Aufmerksamkeit, Verzweiflung, Wut, ein für das Kind unlösbarer Konflikt. Aber was immer der Grund ist, solange das Kind außer sich ist, können wir ihm ohnehin nichts beibringen. Wir müssen warten, bis es wieder ruhig ist. Erst dann können wir Regeln und Werte ansprechen: »Ich möchte, dass du zu mir kommst, wenn sie dir den Bagger nicht gibt«, »Ich will, dass du fragst und nicht einfach Spielzeug wegreißt«, »Dir ist langweilig, dann lass uns gemeinsam ein Puzzle machen, aber hau nicht dein Geschwister«, und auch: »Ich sehe, dass du zur Zeit zu wenig Aufmerksamkeit bekommst, das tut mir leid. Hauen ist nicht der richtige Weg, aber ich höre deinen Ruf. Komm in meine Arme.«

Lernt das Kind dadurch, dass Hauen zu Aufmerksamkeit führt? Nein, das Kind lernt: Ich werde gesehen. Ich bekomme eine Grenze: »Hauen ist nicht.« Und ich bekomme Hilfe: »Komm in meine Arme.« Und das ist es, was dem Kind am Ende hilft, zu lernen.

Die Frage hinter der Frage

Wenn ein Kind sich schlecht benimmt, weil es zu wenig Aufmerksamkeit bekommt – wer macht dann den Fehler, das Kind oder ich?

Der Fehler kann nur bei uns Erwachsenen liegen. Ich weiß, das ist bisweilen eine sehr unangenehme Erkenntnis. Wie oft habe ich gedacht: »Nein! Heute ist definitiv das Kind schuld!«

Aber »Kinder sind niemals schuld«, sagte meine Mama immer. »Wir Erwachsenen sind vollumfänglich für die Stimmung in der Familie verantwortlich«, sagte Jesper Juul. Beide haben sie recht. Wenn ein Kind sich wegen zu wenig Aufmerksamkeit schlecht benimmt (weil zum Beispiel gerade ein Geschwister geboren wurde und die Welt kopfsteht), dann müssen wir nicht das schlechte Benehmen abstellen. Wir müssen das Loch im Herzen dieses Kindes mit unserer Liebe füllen.

Was also tun?

Fragen wir immer, immer, immer: Was ist das Bedürfnis hinter dem Verhalten? Ein gelangweiltes Kind braucht mehr Anregung und Aufgaben, ein gefrustetes Kind braucht Coaching, wie man mit Frust umgeht, ein nach Aufmerksamkeit rufendes Kind braucht – Aufmerksamkeit.

Die Elternfrage
Spiegeln bei Frustration

Wenn ich meine Tochter positiv spiegele, wenn ich einen Wunsch nicht erfüllen will, meint sie, sie bekommt es doch. Wie kann ich sie spiegeln, dass ohne Druck die Message ankommt: »Nein, du kriegst es nicht«? Wenn ich zum Beispiel sage: »Ich verstehe, du hättest jetzt voll gerne noch ein Eis. Gleichzeitig ist mir deine Gesundheit wichtig …« zack, ist der Gefühlssturm wieder auf 100.

Nicolas Soforthilfe

Wie geht das mit dem Spiegeln?

Spiegeln ist ja erst mal nur: »Ich sehe, du bist sauer. Ich sehe, du willst noch ein Eis.« Spiegeln alleine nimmt noch nicht den Druck, unter dem das Kind steht. Denn dahinter kann immer noch die Haltung stehen: »Was bist du nur für ein gieriges Kind!«

Was die Kinder brauchen, nennen wir im artgerecht-Konzept eine Ja-Grenze, die das Spiegeln mit Empathie verbindet:

1. »Ich sehe, du willst noch ein Eis und du bist echt sauer, wenn es keines mehr gibt.« – Spiegeln.
2. »Ich verstehe das – Eis ist auch echt lecker, manchmal könnte ich fünf Stück essen!« – Empathie.
3. »Jetzt ist genug für heute. Wir gehen weiter.« – Grenze.

Das ist eine Ja-Grenze: Sie bringt dem Kind bei: 1. Dies ist das Bedürfnis und dies ist das Gefühl, das du hast. Dafür gibt es diese Worte. 2. Ich fühle mit dir, das ist ein legitimes Bedürfnis, ich kenne das auch. 3. Leider geht es nicht, denn hier ist die Grenze.

Wenn ich die Grenze jetzt erkläre (deine Gesundheit und so weiter), bringe ich das Kind nur noch mehr auf, denn das ist ein »Nein«. Für Kinder ist es oft viel leichter zu ertragen, wenn sie einfach Mitgefühl und eine klare Ansage kriegen. Was das mit der Gesundheit auf sich hat, das kann ich morgen in einem ruhigen Moment immer noch erklären.

Die Frage hinter der Frage

Gibt es einen »Trick«, wie das Kind nicht ausrastet, wenn es eine Grenze aufgezeigt bekommt?

Die Antwort lautet: Nein. Es gibt nur Wege, wie das Kind lernt, dass wir es mit der Grenze nicht beschämen, dass es als Mensch auch gut ist, »Nein« sagen zu können, und dass wir mit ihm mitfühlen. Dass das Kind mal ausflippt, gehört zum Lernprozess dazu. Aber es wird mit unserer Hilfe schneller lernen und im Idealfall lernt es, ohne sich als Mensch schlecht zu fühlen.

Was also tun?

Üben. Üben. Üben. Und aushalten, dass Kinder eben sauer sind und diesen Impuls erst noch kontrollieren lernen müssen. Und weniger erklären. Wenn mir jemand einen Korb gegeben hat, dann will ich auch nicht hören, warum das so ist, mir reicht die Message vollkommen, danke, keine weiteren Details, bitte, ich muss mich jetzt erst mal wieder einkriegen.

Die Elternfrage
Unbändiges Schreien

Meine Tochter, anderthalb Jahre, reagiert sehr wütend, wenn es nicht läuft, wie sie möchte. Beispielsweise weil sie nicht durchs Tor zur Straße darf ... Sie weint und schreit und läuft weg. Umarmt werden möchte sie dann nicht und schreit noch mehr. Ich sage ihr, warum es gerade nicht geht, aber für lange Erklärungen ist sie ja noch zu klein. Was kann ich tun, dass sie nicht so durchdreht?

Nicolas Soforthilfe

Eltern sind wunderbar, denn sie wissen in der Regel, was ihre Kinder brauchen: Mit anderthalb Jahren ist das Kind tatsächlich für lange Erklärungen zu klein. Und wenn ich wütend oder frustriert bin, dann bin ich es übrigens – und ich bin weit älter als anderthalb! – auch.

Es gibt ein sehr eindeutiges wissenschaftliches Ergebnis dazu, wie wir Eltern dafür sorgen können, dass unsere Kinder nicht so durchdrehen: Sie freundlich, ruhig und zugewandt beruhigen. Immer und immer wieder.

Ein Kind in diesem Alter hat ein sehr hoch vernetztes Gehirn. Das hat viele Vorteile, denn die Kinder lernen sehr schnell sehr viel. Sie könnten in diesem Alter problemlos zweisprachig aufwachsen und beide Sprachen akzentfrei sprechen lernen. Gleichzeitig muss dieses Gehirn noch lernen, mit Impulsen von Stress, Frust und Angst umzugehen. Und das können wir ihm beibringen, indem wir ruhig und zugewandt auf Stress reagieren.

Ach so – es ging um eine Lösung, mit der das Kind jetzt sofort aufhört, durchzudrehen? Die gibt es nicht. Ein Gehirn muss wachsen und lernen. Da ist nichts zu holen. Das braucht seine Zeit. Bis wir Stress gut verarbeiten können, dauert es bis zu zehn Jahre – aber nach dem vierten Geburtstag wird es in der Regel schon deutlich besser.

Die Frage hinter der Frage

Wie hält man das nur aus, das ganze wütende Frustgeschrei?

Ja, es ist schwer auszuhalten, wenn so ein Kleinkind erst lernt, mit Frust umzugehen. Seien wir ehrlich: Es ist schwer für beide. Das Kleinkind hat mehr Frust als nötig, wenn wir mit ihm viel alleine sind und außer uns niemand für Kochen und Auf-den-Arm-Nehmen da ist. Und für uns ist diese Doppelbelastung und das Gefühl, das Kind aus reiner Not immer wieder frustrieren zu müssen, auch nicht angenehm. Was uns hilft, ist das sprichwörtliche Dorf und eine Ja-Umgebung. Begeben wir uns in Situationen, in denen wir viel Unterstützung und wenig Tore zur Straße haben. Das ist nicht immer möglich, aber wo immer es geht, sollten wir es tun.

Was also tun?

Kinder sind wütend und sie dürfen es sein. Wir brauchen aber viel Unterstützung, um diese Wut aushalten und ihnen Beruhigung beibringen zu können. Und die sollten wir uns – auch gegen gesellschaftliche Konventionen – holen, wo immer wir können.

Die Elternfrage
Das ist doch Absicht!

Mein Kind haut mich und grinst mich an dabei – dabei hauen wir nie in der Familie, und dass es dabei grinst heißt doch, dass es das mit Absicht macht und toll findet, oder?

Nicolas Soforthilfe

Fangen wir vorne an: Es stimmt nicht, dass nur Kinder hauen, die gehauen werden. Kinder hauen in einem bestimmten Alter fast alle. Sie hauen nicht, weil sie böse sind oder es »von zu Hause so kennen«, sondern weil sie sich noch nicht anders zu helfen wissen, wenn sie Stress (Frust, Wut, Angst, Hilflosigkeit, Ohnmacht) empfinden.

Wir sind also nicht schuld und sollten daran auch denken, wenn auf dem Spielplatz mal ein anderes Zweijähriges nach unserem Kind haut. Das heißt nicht automatisch, dass die Eltern es zu Hause schlagen.

Und warum grinst das Kind? Beobachten Sie mal Primaten im Zoo, wenn es zu Aggressionen zwischen ihnen kommt. Der Unterlegene zeigt in der Regel die Zähne, was heißen soll: »Ich zeige dir meine Waffen, ich bin unterlegen, bitte greif mich nicht an.« Wer lieber Pferden zusieht – Fohlen machen eine ähnliche Geste, wenn sie ranghöheren Herdenmitgliedern begegnen oder sie begrüßen, sie zeigen dabei auch die Zähne (Fohlenkauen).

Unsere Kinder tun etwas Ähnliches, man könnte es interpretieren als: »Ich weiß, ich sollte dich nicht hauen/den Blumentopf umgraben/meine Schwester an den Haaren ziehen, aber mir fällt gerade keine Alternative ein, um Wut/Langweile/Frust loszuwerden, bitte, bitte, greif mich nicht an!«

Was sollten wir tun? Erstens: Nicht aggressiv werden, sondern ruhig und freundlich das Kind stoppen: »Stopp. Ich will nicht, dass du mich haust.« Dann anerkennen, was das Kind hat, und es spiegeln: »Du bist sauer, dir ist langweilig, du bist echt wütend …« Und eine Alternative beibringen: »Schau, du kannst auf das Kissen hauen, mit dem Lego spielen, zu mir kommen, wenn du dich ärgerst.«

Nichts davon heißt, dass das Kind das morgen gelernt hat. Es heißt nur, dass es das lernen *wird*. Je ruhiger wir bleiben, desto besser kann es lernen.

Die Frage hinter der Frage

Sind Kleinkinder doch böse kleine Wilde, die wir durch Strenge und Strafen für eine friedliche Gesellschaft zurechtstutzen müssen?

Nein, sind sie nicht. Sowohl die Forschungen des Anthropologen und Verhaltensforschers Michael Tomasello als auch die Recherchen von Historiker Rutger Bregman (ihre empfehlenswerten Bücher stehen im Anhang) zeigen, dass Menschen von klein auf wohlwollend und auf Kooperation bedacht sind. Aber sie sind eben auch mal unvernünftig, wütend, hilflos oder gelangweilt – wie wir Großen ja auch.

Was also tun?

Ein grinsend hauendes Zweijähriges ist ein ganz normales Kind und wir haben nichts falsch gemacht. Wenn wir jetzt ruhig, wohlwollend und gleichbleibend klar reagieren, wird es umso schneller lernen, wie es mit Wut und Frust umgeht. Wann muss es das können? Mit vier Jahren ist der Aggressionshöhepunkt, mit sechs sind sie im Regulieren meistens schon ziemlich gut, mit zehn haben die allermeisten Kinder ihre wütenden und aggressiven Impulse dann weitgehend im Griff.

Die Elternfrage
Streit beim Abendessen

Bei uns kommt es oft beim Abendessen zu Konflikten. Meist liegt es wohl daran, dass ein Elternteil ziemlich spät nach Hause kommt und dann zur Essenszeit noch im Arbeitsmodus ist – und das Kind schon müde ist. Dann hat keiner mehr Geduld und es gibt lautstarke Konflikte um Kleinigkeiten. Wie gehen wir damit um?

Nicolas Soforthilfe

Machen wir uns nichts vor: Mit einem Kind zu Hause sein und in einem wie auch immer gearteten Arbeitsumfeld sein, sind zwei verschiedene Welten. Es herrscht ein anderes Tempo, andere Notwendigkeiten, andere Gesetze. Folgendes hilft uns Eltern beim Übergang:

1. Wenn Eltern heimkommen, brauchen sie eine »Pufferzone«, bevor er oder sie sich in die Familie einfädelt. Das kann nach der Arbeit noch eine »Runde um den Block« sein, ein kurzer Gang ins Bad mit Hände- und Gesichtwaschen, fünf Minuten atmen im Stadtpark – was immer hilft, um das eine loszulassen und sich auf das andere vorzubereiten.
2. Arbeitet nur ein Elternteil oder einer mehr als der andere, sollte sich dieser Elternteil bewusst machen, dass er oder sie nach der Arbeit in eine andere Sphäre eintritt – und dass es nicht die Sphäre »endlich entspannt im Feierabend« ist, sondern die Sphäre des »müden Abendkindes«.
3. Eltern sollten offen über ihre Erwartungen sprechen und was davon realistisch ist. Will ein Elternteil abends noch Zeit mit dem Kind verbringen, weil man lange weg war, das Kind hängt

aber jetzt müde und quengelig am anderen Elternteil? Träumt jemand von friedlichem Familienabendessen bei Kerzenschein, bei dem sich die Eltern über den Tag austauschen und das Kind selig seine Nudeln mampft – was aber um die Uhrzeit nicht mehr zu machen ist?

4. »Den Laden jetzt mal übernehmen« – das klappt nicht. Vielleicht kommt einer von außen und sieht, dass etwas hätte anders laufen können oder sollen. Aber dem Partner oder der Partnerin abends nach einem langen Tag mit Kind reinzureden, was er oder sie ja schon hätte mal vorbereiten können, weil es dann ja jetzt viel besser liefe, das führt nur zu Streit. Solche Dinge kann man a) besser am Wochenende in Ruhe besprechen, b) in der Regel gar nicht wissen, bevor man nicht weiß, wie der Tag genau war, und c) funktioniert jeder Mensch anders, insofern können wir alle nur für uns selbst entscheiden, wie wir vorgehen.
5. Eine Lösung kann sein, dass ein Elternteil mit dem Kind frühzeitig isst. Der heimkommende Partner kann dann eher mit dem Kind noch kuscheln, vorlesen, ein Schlaflied singen und selbst in Ruhe ankommen.

Die Frage hinter der Frage

Wie kann es sein, dass unsere Gesellschaft so gebaut ist, dass Eltern oft in zwei völlig unterschiedlichen Lebenswelten ihren Tag verbringen?

Wie sollen wir dann abends ohne Puffer aufeinandertreffen, um müde und ausgelaugt gemeinsam »heile Familie« zu sein? Wie können wir offen damit umgehen, dass der Homo sapiens dafür nicht gemacht ist und der Streit, der zwischen uns entsteht, nicht am jeweils anderen (oder uns selbst) liegt, sondern daran, dass wir die Quadratur des täglichen Kreises eben nicht immer hinkriegen?

Was also tun?

Machen wir uns klar, was wir als Menschen und Eltern leisten können und was nicht. Bleiben wir im Gespräch, und zwar möglichst immer in dem Bewusstsein, dass hier keiner egoistisch, doof, nachlässig oder was auch immer ist, sondern wir in einer Welt leben, die es uns wirklich schwer macht.

Je öfter wir die Rollen tauschen, wenn das möglich ist, desto mehr Verständnis werden wir für unseren Partner oder unsere Partnerin entwickeln.

Und wir sollten uns immer, immer Hilfe holen. Nicht erst, wenn es zu spät ist, sondern schon viel früher. Denn am Ende gilt: Je mehr Menschen helfen, ein Kind großzuziehen, desto weniger Last liegt auf den Schultern des oder der Einzelnen.

Die Elternfrage
Mit kleinen Geschwistern

Mein Zweijähriger haut, beißt, kratzt und legt sich, sobald er die Gelegenheit hat, auf den Babybruder – kann man ihm das abgewöhnen?

Nicolas Soforthilfe

Wir müssen das Verhalten stoppen. Immer und so schnell wie möglich.

Wir dürfen niemals schimpfen, sondern müssen den Zweijährigen so viel bekuscheln und trösten wie möglich. Wenn er sich beruhigt hat, bringen wir ihm Empathie bei: »Wenn du Tim kratzt, dann weint er, und schau, wenn wir ihn streicheln, lacht er – das ist wie bei dir.« Und wir lehren Alternativen: »Manchmal ist es doof, dass da ein Baby ist, nicht wahr? Manchmal ärgert es dich, wenn er … dann komm zu mir, ich helfe dir, ich bin für dich da!«

Wir müssen anerkennen, dass ein Kind mit zwei Jahren selbst noch ein Baby ist, für das ein weiteres Baby eine massive Irritation bedeuten kann. Das Kleinkind ist immer noch völlig abhängig von seiner primären Bindungsperson und nicht groß genug, um sie mit jemandem zu teilen, der noch abhängiger ist. Dafür sind Kinder erst mit etwa drei Jahren bereit.

Können wir ihm das abgewöhnen? Nein, können wir nicht und müssen wir nicht. Er wird größer werden und das Verhalten wird sich verlieren, je sicherer, geliebter, umsorgter er sich fühlt und je älter er wird.

Die Frage hinter der Frage

Wann bekommen wir das nächste Kind?

Bei uns hält sich hartnäckig die fatal falsche Information, dass es »möglichst eng aufeinander« für alle am besten sei. Das ist so pauschal leider nicht korrekt. Es ist für viele Kinder schlicht zu früh und für viele Eltern schlicht zu anstrengend. Wir werden gelobt, wenn wir es so machen, aber fragen wir mal Eltern mit drei Kindern: Die meisten machen – wenn sie die Wahl haben – den Fehler nur einmal. Denn Kinder, die weniger als drei Jahre auseinander sind, waren in der Menschheitsgeschichte immer in der Gefahr, zu früh abgestillt oder von der Fürsorge ihrer Hauptbezugsperson zu früh abgeschnitten zu werden, womit sich ihre Lebenserwartung reduzierte (siehe auch die Elternfrage *Abstand zwischen Geschwistern?*). Dass sie bis heute entsprechend reagieren, ist für uns zwar nicht nachvollziehbar, aus Sicht der Menschheitsgeschichte aber verständlich.

Was also tun?

Jetzt ist das Baby da – und das ist ein Geschenk. Wir müssen lernen, dass das vermeintlich »große« Kind noch klein ist und dass es uns genauso braucht wie das Baby. Wir müssen verstehen, dass es regrediert, also wieder klein wird, dass es nicht »schon groß« ist, sondern uns noch sehr braucht und unsere Pflege und bedingungslose Fürsorge ebenfalls. Je mehr und intensiver wir oder andere enge Bezugspersonen dieses Bedürfnis erfüllen können, desto weniger Aggression wird das Kind seinem neuen Geschwister gegenüber zeigen. Empathie geben und lehren ist hier ein wichtiger Aspekt. Aber machen wir uns klar, dass das Gras nicht schneller wächst, wenn wir daran ziehen. Empathie haben Kinder mit etwa sechs Jahren gelernt – bleiben wir also dran.

Die Elternfrage
Darf ich »zurückkratzen«?

Wie bringe ich meiner Tochter mit anderthalb Jahren bei, dass man nicht kratzt, wenn sie es doch »nur« vom großen Bruder abgeschaut hat? Kann man ihr durch Zurückkratzen beibringen, dass so was wehtut?

Nicolas Soforthilfe

Letztens war ich zu Gast in einer Radiosendung, in der ein Anrufer fest davon überzeugt war, dass man ein beißendes Kind zurückbeißen solle, damit es lernt, wie das ist. Als ich ihm sagte: »Denken Sie daran: Kinder tun, was wir tun, nicht was wir sagen«, war er einigermaßen überrascht und verabschiedete sich mit den Worten, dass er darüber jetzt erst mal nachdenken müsse.

Ich war ihm sehr dankbar. Denn es liegt so nahe, dass wir dem Kind doch nur zeigen müssen, wie es sich anfühlt, und dann hört es auf, oder? Aber weit gefehlt. Wenn wir das Kind kratzen oder beißen, lernt es: »Aha, in dieser Kultur kratzt und beißt man, super, dann bin ich ja auf dem richtigen Weg.«

Und das Argument, wenn es nur ordentlich wehtun würde, würde das Kind schon aufhören, greift nicht: Auch wir Erwachsene tun viele Dinge, die uns wehtun oder schaden, aber wir hören damit nicht auf, wenn unsere Kultur uns nur überzeugend genug sagt, dass sie aber wichtig und richtig seien oder dass das eben alle hier so machen (wer sich schon einmal mit einem Epilator die Beine enthaart hat, weiß, wovon ich rede).

Wir müssen also damit leben, dass auch Kinder sich unschöne Verhaltensweisen von anderen abschauen, und dafür sorgen, dass *wir* möglichst nicht diese anderen sind. Sondern wir wollen diejenigen sein, die ihnen alternative Wege zeigen, mit Wut und Frust umzugehen.

Die Frage hinter der Frage

Gilt »Was du nicht willst, das man dir tu, das füg auch keinem anderen zu« wirklich immer?

Ja, es gilt immer. Jesper Juul sagt, dass wir uns bei jeder »Erziehungsmethode« erst einmal fragen sollten, ob wir unseren Partner auch so behandeln würden (ihn oder sie zum Beispiel alleinelassen, wenn er oder sie hilflos weint und nach uns ruft). Und wenn die Antwort lautet: »Nein, würde ich nicht«, dann sollten wir das auch unseren Kindern nicht antun.

Das ist sehr unbequem, da wir kraft unseres Erwachsenseins oft denken, dass wir mit Kindern anders umgehen dürfen als mit erwachsenen Menschen. Wir müssen bei all unserer Entscheidungskompetenz und Verantwortung allerdings immer aufpassen, dass wir nicht in einen Adultismus verfallen, der sagt: »Weil du deutlich jünger bist als ich, darf ich dich behandeln, diskriminieren oder unterdrücken, wie ich es bei Erwachsenen nie tun würde.«

Was also tun?

Wir erziehen durch Empathie, wir lehren durch Hineinfühlen, wir erklären und geben als Problemlöser ein Vorbild ab. Dabei vertrauen wir darauf, dass unser kleiner Homo sapiens es lernen wird wie alle empathischen Vorfahren seiner Linie.

Die Elternfrage
Mit Waffen spielen

Ich möchte mein Kind zu einem friedfertigen Menschen erziehen. Trotzdem hat es eine große Faszination für Schwerter, Pistolen und Gewehre aller Art. Darf mein Kind mit Waffen spielen?

Nicolas Soforthilfe

Ja, darf es.

Welche Sorgen haben wir Eltern, wenn unser Kind mit Waffen spielen will? Wir sorgen uns, dass es angriffslustig werden könnte. Wir sorgen uns, dass wir aggressive Fantasien fördern oder verstärken. Wir sind vielleicht verstört, weil das Kind aggressive Fantasien hat, obwohl wir selbst uns als Pazifisten verstehen und bisher dachten, dass so etwas nur aus Familien kommen könnte, die »anders« sind als wir.

Die guten Nachrichten:

- Viele Kinder, besonders tatsächlich Jungen, wollen irgendwann mit Waffen spielen.
- Der Wunsch nach Waffen sagt nichts über das generelle Sozialverhalten der Kinder aus.
- Der Wunsch nach Waffen sagt nichts über grundsätzliche Aggressionen oder Erziehungsleistung der Eltern aus.

Eine der bekanntesten Studien über Kinder und Spielzeugwaffen, die 2003 von der London Metropolitan University durchgeführt wurde, ergab Folgendes: Kinder, die wegen ihres Waffenspiels gerügt werden, sind eher als andere Kinder »entmutigt« und »zurückgezogen«, weil sie glauben, etwas falsch zu machen. Sie wollen immer noch mit Waffen spielen, aber »jetzt spielen sie heimlich«, sagt die Studienautorin Penny Holland im Interview.

Eine weitere Studie hat gezeigt, dass echte Aggression und vorgetäuschte Aggression sehr unterschiedliche Konstrukte sind. Ein gewisses Maß an Aggression im Spiel mit gewalttätigen Spielzeugen ist nur ein Teil des Drehbuchs. Kinder sehen es als Teil des Spiels, »so zu tun, als ob«. Wir hören das als Eltern auch immer wieder: »Ihr sollt nicht aufeinander schießen!«, »Aber wir tun doch nur so!«

Die Forschung sagt uns, dass das Spiel mit Waffen alleine Kinder nicht aggressiv macht. Zwar spielen Kinder aggressiver, wenn sie Waffen haben (klar, sie spielen ja fangen, bedrohen, erobern und so weiter), aber sie werden nicht allein dadurch aggressiv.

Sie spielen vor allem dann aggressiv, wenn sie vorher gewaltsame Dinge beobachtet oder erlebt haben, die sie verarbeiten müssen, zum Beispiel im Fernsehen.

Wenn wir das Spiel mit Waffen komplett verbieten, tun wir den Kindern keinen Gefallen: Wir beschämen sie, indem wir ihr inneres Bedürfnis als etwas Schlechtes, Verbotenes darstellen. Außerdem tauchen verdrängte Bedürfnisse an anderer Stelle wieder auf – jeder weiß das, der schon mal einem Vierjährigen eine Plastikpistole weggenommen hat und ihn dann mit einer Banane auf jemanden zielen sah.

Die Frage hinter der Frage

Wie erziehen wir friedliebende Kinder?

Kinder spielen vor allem dann aggressiver mit Waffen, wenn sie bestraft oder sogar geschlagen werden, wenn sie auf die Konfliktlösung in der Familie keinen Einfluss haben, wenn sie streng erzogen werden, gewaltvolle Seiten im Internet anschauen oder sehr autoritäre Eltern haben.

Im Umkehrschluss heißt das, dass es nicht darauf ankommt, ob Kinder mit Waffen spielen. Es kommt in erster Linie darauf an, wie die Stimmung in der Familie ist und wie wir mit ihnen umgehen. Eine gleichwürdige, bindungsorientierte Erziehung hat einen viel größeren Einfluss als die Wahl des Spielzeugs.

Was also tun?

- Sprechen wir mit unserem Kind über sein Spiel. Stellen wir Fragen wie: »Was spielst du?« Versuchen wir, das Spiel aus seiner Sicht zu sehen.
- Ermutigen wir eher zu fantasievollem als zu nachahmendem Waffenspiel. Das fantasievolle Spiel wird vom Kind initiiert,

das die Kontrolle hat und die Probleme, die es lösen muss, in sein Spiel einbringt.

- Imitationsspiel hingegen ist ein Spiel, bei dem ein Kind einen Charakter nachahmt, den es im Fernsehen gesehen hat, oder mit Figuren spielt, deren Rollen von anderen definiert wurden, wie etwa Actionfiguren.
- Fördern wir die Fantasie unseres Kindes mit Geschichten über Burgen, Ritter und Schwerter, wenn es sich für Spielwaffen interessiert. Wir können ein anhaltendes Interesse an Waffen in ein positives Ventil lenken, wie zum Beispiel Fechten, Bogenschießen, Reiten, Burgenbauen oder Kampfsport.

Die Elternfrage
Raufen auf dem Schulhof

Was soll ich tun, wenn ich mitbekomme, dass mein Kind andere Kinder schlägt? Und wie soll ich reagieren, wenn es sich auf dem Schulhof prügelt?

Nicolas Soforthilfe

Tun wir Folgendes:

1. Die sofortige Reaktion: Wir stoppen das schlagende Kind und trennen die Streithähne.
2. Wir beruhigen die Kinder, bevor wir versuchen zu schlichten.
3. Wir schlichten und bringen den Kindern Verständnis (»Ich sehe, wie sauer du bist«), aber Klarheit (»Stopp, so geht es nicht«) entgegen.

4. Wir erklären die Regeln und Werte, die hier gelten, und falls möglich auch, wie wir Konflikte lösen.
5. Wir schauen mit den Kindern, wie es jetzt friedlich weitergehen kann.
6. Wenn es in der Schule Raufereien gab, melden wir uns direkt in der Schule für einen Termin an, um zu besprechen, was es braucht.
7. Die langfristige Reaktion: Wir schauen, was der Grund für den Ausraster unseres Kindes war, hören ihm zu, hören andere an und finden heraus, was das Kind aus seiner Balance gebracht hat.

Dabei ist es wichtig, dass wir das Kind und gegebenenfalls alle anderen Beteiligten anhören, ohne die Schuldfrage zu stellen. Wir sammeln einfach alle Perspektiven auf das Geschehene ein, um ein möglichst gutes Bild zu bekommen. Wir sind keine Detektive und keine Richter, wir müssen nicht herausfinden, »wer angefangen hat«. Unsere Aufgabe ist es, herauszufinden, was dem Kind zu viel war, dass es sich nicht anders zu helfen wusste, als zu schlagen – und dann dort ansetzen.

Im Grundschulalter geht es außerdem in der Regel nicht mehr um das Lieblingsspielzeug oder das letzte Gummibärchen, sondern um abstraktere Themen: Du hast mich beleidigt, dich vorgedrängelt, mich geärgert, mich vor den anderen bloßgestellt.

Wenn ein Kind in der Schule schlägt, ist es unabdingbar, auch das Gespräch mit den Lehrkräften und Betreuungspersonen zu suchen. Oft erfahren wir dann, dass das Kind sich hilflos, ohnmächtig oder ungerecht behandelt gefühlt hat. Auch wenn das kein Grund sein kann, jemanden körperlich aggressiv anzugehen, ist es doch wichtig, dies ernst zu nehmen. Kein Mensch möchte sich ohnmächtig fühlen und auch wir Erwachsenen werden sehr ungehalten, wenn wir uns ungerecht behandelt fühlen – das ist ein zutiefst menschlicher Impuls.

Kinder haben in der konkreten Situation dann keine andere Strategie, als ihre Konflikte oder ihre Wut mit körperlicher Aggression auszuagieren. Jetzt ist es unsere Aufgabe, in einem ruhigen Gespräch zu klären, was passiert ist und wie alle alternativ hätten handeln können.

Die aktuelle Pädagogik bringt Kindern vor allem bei, negative Äußerungen zu ignorieren (Stopp sagen, Weggehen, sich an eine Betreuungsperson wenden). Alternativ können wir Konflikte unter Umständen auch in sportliche Bahnen lenken, sodass das Kräftemessen, das den Grundschulkindern eigen ist, einen Raum bekommt. Die Kinder können dabei lernen, dass es viele Wege gibt, sich zu beweisen: »Du hast mich einen Schwächling genannt? Wir treffen uns nach der Schule zu einer Liegestütz-Challenge, dann werden wir ja sehen, wer hier schwach ist!« Auch Raufen will gelernt sein und Kampfsportschulen sind schon für Grundschulkinder ein guter Ort, um zu lernen, wie man aggressive Impulse kontrolliert und umlenkt.

Die Frage hinter der Frage

Dürfen Kinder im Schulalter immer noch aggressiv sein?

Es wäre schön, wenn sie es nicht wären, aber viele Kinder sind es immer noch. Das heißt, dass sie noch nicht gelernt haben, unter Stress ihre Konflikte ruhig zu lösen. Das kann viele Ursachen haben, aber viel interessanter ist die Frage, wie sie es jetzt lernen können. Es gibt auch Gruppenkonstellationen, die Aggression eher begünstigen als andere, es liegt nicht immer an dem einzelnen Kind. Möglicherweise kann ein Training zur Gewaltprävention der ganzen Klasse (oder Schule) helfen. An vielen Grundschulen ist es ohnehin Teil der ersten Jahre. Wichtig ist, dass wir nicht noch mehr Aggression ins System geben, indem wir Kinder bloßstellen, bestrafen oder ausgrenzen. Dann steigt ihr Aggressionspegel, statt zu sinken.

Was also tun?

Eltern sollten wissen, dass eine aggressive Phase bei Grundschulkindern zwar einige Monate andauern kann, aber in der Regel wieder vorbeigeht, wenn das Kind ruhig und klar begleitet wird. Wir verstärken den Impuls zu schlagen, wenn wir strafen, drohen und schreien – wir helfen dem Kind, wenn wir ruhig bleiben, Alternativen üben, zuhören. Es gilt also auch hier: Bleiben wir bei unserem kleinen, lernenden Homo sapiens und begleiten ihn auch durch diesen Lernprozess.

Die Elternfrage
Ohren zuhalten

Meine Tochter ist acht Jahre alt. Sie wird schnell ärgerlich und wenn sie richtig wütend ist, hält sie sich oft die Ohren zu oder schreit mich an, um nicht anhören zu müssen, was ich sage. Ich versuche ruhig zu bleiben, schaffe es aber oft nicht und werde auch laut. Wie sollte ich mich dann verhalten?

Nicolas Soforthilfe

Dieses Kind sagt, was es braucht: »Bitte hör auf zu reden.« Und es sagt, was es will: »Bitte höre mich an.« Es sagt das alles auf eine sehr unreife Weise, aber dennoch sehr klar.

Was können wir jetzt tun? Das Kind braucht als Erstes das, was es fordert: Eltern, die im Moment der Wut nicht auf das Kind einreden, sondern es liebevoll, aber schweigend begleiten. Es braucht Eltern, die mit allen Informationen warten, bis das Kind sich wieder beruhigt hat, und ihm zuhören, was es gegebenenfalls zu sagen hat (vielleicht auch erst abends in unseren Armen beim Einschlafen, ein guter Moment, um den Tag nochmal durchzugehen). Und es braucht – das ist sehr deutlich – eine Ja-Umgebung, eine Ja-Kommunikation. Wenn unsere Kinder uns nicht mehr zuhören, besonders im Grundschulalter, dann liegt das selten daran, dass wir zu viele nette Dinge gesagt haben. Oft haben sie zu oft »Nein« gehört, in allen Varianten:

»Nein, lass das. Nein, das geht nicht. Was regst du dich so auf? Das ist doch kein Grund, auszurasten. Die Dinge sind nun mal so. Hörst du immer noch nicht? Willst du etwa noch mehr? Hörst du mir nicht zu?« … alles Nein-Kommunikation.

Das Kind braucht also das, was es fordert: mehr Ja, mehr Zuwendung, mehr emotionales und tatsächliches Kuscheln, mehr Anerkennung, mehr Wertschätzung:

»Ja, ich höre deine Meinung. Ja, das ist wichtig für dich, ich sehe das. Ja, das hat dich geärgert, das tut mir leid, dass es nicht geht. Ich verstehe, dass du darüber wirklich sauer bist. Das ist so ärgerlich, dass wir das nicht ändern können. Du willst das selbst entscheiden. Was würdest du tun? Deine Meinung interessiert mich. Noch ein Eis wäre klasse, das kenn ich so gut! Ich habe mich nicht gut verständlich gemacht, das tut mir leid, komm, ich versuche es noch mal …«

Wichtig ist, dass wir empathisch bleiben: »Ich fühle dich«, und dennoch klar: »Hier geht es leider trotzdem nicht weiter.« Erst dann und nur dann können wir dem Kind die Sicherheit geben, durch die es uns wieder zuhören kann.

Wenn wir in Stressmomenten dazu neigen, zu reden, zu erklären, endlos zu wiederholen, was das Kind schon gehört hat, gar laut zu werden und zu streiten – dann müssen wir lernen, uns runterzufahren. Wir können lernen, die Stille auszuhalten, wir können lernen, unseren Punkt auf später zu verschieben, wir können lernen, dass auch morgen noch ein Tag ist, an dem man diese Lektion in einer besseren Verfassung besprechen kann. Dieser Lernprozess wird uns in unserem ganzen Leben helfen, denn das Kind zeigt uns nur etwas überdeutlich, das wir sicher auch aus sozialen Situationen mit anderen Menschen kennen.

Die Frage hinter der Frage

Wie viel Nein verträgt ein Mensch?

Nur sehr wenig. Bei Daniel Siegel und Tina Payne Bryson habe ich eine Übung gelernt, sie ist auch in meinem Buch *Erziehen ohne Schimpfen* zu finden: Wir setzen uns zu zweit gegenüber und sagen der anderen Person 10-mal »Ja« und 10-mal »Nein« (und dann noch mindestens 5-mal »Ja«, um positiv zu enden). Wir wechseln die Rollen und tauschen uns darüber aus, wie sich das angefühlt hat. Dabei werden wir feststellen, dass so mancher – ich habe die Übung schon mit Tausenden Menschen in meinen Vorträgen gemacht und mir Feedback geholt – abschaltet, wütend wird oder sich innerlich einfach ausklinkt.

Mit dieser Erfahrung fällt es uns oft viel leichter zu verstehen, dass wir in verschiedenen Varianten zu oft »Nein« gesagt haben.

Was also tun?

Wie machen wir es wieder gut? Wir müssen fünfmal so häufig Ja sagen, wie wir auf verschiedene Arten Nein gesagt haben, bis es wieder gut ist. Das heißt auch, dass unser Partner, unsere Partnerin oder unser Kind jetzt erst mal sehr, sehr sauer sein könnte und vielleicht sogar über die Stränge schlägt. Wir unterwerfen uns, bis das System wieder im Gleichgewicht ist – und freuen uns auf den Tag, an dem wir wieder miteinander sprechen können.

Mein artgerecht-Blick auf Trennungsfamilien

Eltern trennen sich – das haben sie schon immer getan. Nur war es zum Beispiel in einem steinzeitlichen Dorfverband für die Kinder und Eltern viel weniger dramatisch, denn der Rest des sozialen Umfelds war ein wichtiger, stabiler Pfeiler des Lebens, der blieb.

Es stimmt daher nicht automatisch, dass Trennungskinder sich weniger gut entwickeln als Kinder in Zwei-Eltern-Familien (ich möchte explizit nicht »intakt« sagen, denn das würde ja suggerieren, dass Trennungsfamilien »kaputt« sind). Aufgrund unserer nicht artgerechten Lebensweise lastet auf getrennten Eltern allerdings oft ein zusätzlicher Druck. Plötzlich sind wir nicht mehr zu zweit mit einem oder mehreren Kindern, sondern häufig alleine. Und alleine sind wir gerade zu den Randzeiten, wenn es besonders schwierig wird: morgens, wenn alle losmüssen, und abends, wenn alle müde sind. Dazu kommt die strukturelle Benachteiligung von getrennten Eltern, besonders dem Teil, der die Kinder in der Hauptsache allein erzieht.

Getrennte Eltern stehen also besonderen Herausforderungen gegenüber, von denen wir hier im Buch nur einige wenige streifen können.

Die Elternfrage
Trennung kindgerecht erklären

Unsere Beziehung hängt nur noch am seidenen Faden und ich überlege schon länger mich zu trennen. Mich macht das sehr traurig, denn das Kind hängt sehr an seinem Vater und auch umgekehrt. Aber es schadet dem Kind ja noch mehr, wenn es miterlebt, wie wir ständig streiten. Wie erklärt man einem Kleinkind eine Trennung?

Nicolas Soforthilfe

Wie erklärt man etwas so Komplexes? Kindgerecht. Sachlich. Möglichst neutral.

Dabei gibt es ein paar Grundsätze zu beachten:

1. Wenn es möglich ist, dann erklären wir es dem Kind gemeinsam.
2. Wir erklären das, was ist, nicht das, was verloren geht: »Wir haben uns entschieden, dass wir ab jetzt jeder in einer eigenen Wohnung leben, weil es dann allen besser gehen wird«, statt: »Wir leben nicht mehr zusammen, Papa (oder Mama) zieht aus, wir sind jetzt nicht mehr eine Familie« oder Ähnliches.
3. Fragt uns ein älteres Kleinkind, warum das so ist, dann erklären wir sachlich: »Du hast sicher gesehen, dass wir derzeit viel streiten/nicht mehr die gleichen Dinge wollen/ …«
4. Wir teilen unsere Gefühle, ohne das Kind zu belasten: »Wir wissen auch noch nicht, wie das genau wird, und wir sind auch traurig, aber wir werden einen guten Weg finden.«
5. Keine Anschuldigungen, Schuldzuweisungen an niemanden: »Wir gehen jetzt einen neuen Weg und haben das gemeinsam entschieden.«

6. Das Kind wird sich verantwortlich fühlen – je älter es ist, desto mehr – und manche Kinder denken sogar: »Wenn ich brav gewesen wäre, wäre das nicht passiert«, daher ist es wichtig, dass wir immer deutlich machen: Es liegt nicht an dir. Wir lieben dich.
7. Wir geben dem Kind eine sichere Basis: »Manches verändert sich, aber was immer so bleibt ist, dass wir beide für dich da sind, dass wir dich lieben, dass …« Wir machen klar, dass es Dinge gibt, die sich nie, niemals verändern werden: »Du hast zwei Eltern, die dich lieben und immer, immer für dich da sind« – das können Kinder gar nicht oft genug hören.
8. Wenn ein Elternteil ausgezogen ist und für das Gespräch nicht zur Verfügung steht, dann können die Kinder Sorge haben, dass sie auch den bleibenden Elternteil »verlieren«. Wir müssen also immer wieder laut und deutlich sagen, dass wir das Kind nie, nie verlassen und immer, immer für es da sind. Dazu gehört auch, dass wir räumliche Trennungen, die das Kind nicht aushalten kann, egal ob tags oder nachts, nicht forcieren.

Was passieren kann, wenn wir uns trennen, besonders bei Kleinkindern:

Bindungsstress: Das Kind vermisst den anderen Elternteil und, wenn es einen Umzug gibt, auch seine gewohnte Umgebung, sein ganzes vorheriges Leben. Daher ist es wichtig, besonders den Kindern so viel wie möglich zu erhalten, vor allem in den ersten Monaten, auch wenn es für einen Erwachsenen vielleicht leichter wäre, »woanders ganz neu anzufangen«.

Massive Ängste: Das Kind entwickelt Angst, auch verlassen zu werden, was sich in Anhänglichkeit, Aggression (auch gegen die Eltern!) und geringere Stresstoleranz (etwa in der Betreuung) zeigen kann. Vorsicht: Manche Kinder werden ganz still und leiden leise – daher sollten wir hier immer hinschauen.

Wut: Das Kind ist wütend auf die Eltern oder den verfügbaren Elternteil, was sich in Aggressionen, fehlender Kooperation und Abwendung zeigt.

Schuldgefühle: Das Kind kann starke Schuldgefühle entwickeln (und das auch noch Jahre später!), dass es »schuld« ist und »nicht lieb genug« war.

Unsicherheit und Ablehnung: Das Kind kann die neue Situation als bedrohlich empfinden, sich vom Elternteil, den es jetzt weniger sieht, abgelehnt, verlassen, alleingelassen fühlen – besonders, wenn der Elternteil, bei dem es bleibt, unter massiven (finanziellen, emotionalen) Stress gerät und damit seine Erziehungsressourcen gering sind.

Zerrissenheit: Das Kind kann sich zerrissen fühlen zwischen beiden Eltern, besonders wenn man ihm Fragen stellt wie: »Bei wem möchtest du lieber wohnen? Von wem magst du lieber ins Bett gebracht werden?«.

Regression: Kinder können wieder anfangen ins Bett zu machen, anhänglich zu sein, mehr auf den Arm zu wollen. Sie entwickeln manchmal Ängste, Albträume, Sorgen oder werden unkooperativ. Oft zeigen sie dieses Verhalten besonders stark nach Umgang mit dem zweiten Elternteil oder einem Besuch.

Was wir nicht tun sollten:

1. Das Kind drängen, sich auf eine Seite zu schlagen (Wen hast du lieber?). Stattdessen bitte immer sagen: »Du darfst uns beide lieben und uns beide auch mal doof finden – das ist völlig okay.«
2. Das Kind ausfragen, was der andere Elternteil gesagt oder getan hat. Stattdessen besser sagen: »Darum musst du dich nicht kümmern, das besprechen wir unter Erwachsenen.«
3. Das Kind benutzen, um den oder die Ex zu erpressen oder zurückzugewinnen. Stattdessen Fachleute finden, mit denen ich meine Muster und meinen Schmerz bearbeiten kann.

4. Den anderen Elternteil vor dem Kind kritisieren. Stattdessen sollten wir neutral oder realistisch sein. Wenn es doch mal passiert (und es wird den meisten passieren), dann fügen wir an: »Aber ich weiß, dass er auch gute Seiten hat, ich weiß, dass sie andere Sachen echt gut kann … wir passen nur einfach nicht zusammen.«
5. Dem Kind die Rolle des anderen Partners zuweisen, etwa indem es im Haushalt hilft, uns tröstet, unkompliziert oder nett zu uns ist, »wenigstens du bist noch da und du hast mich immer lieb, nicht wahr?«. Stattdessen muss ich mich klar abgrenzen: Ich bin groß, du darfst klein sein, ich regle das oder hole mir erwachsene Hilfe.

Die Frage hinter der Frage

Wie erklärt man einem Kleinkind eine Situation, die in unserer Kultur zu einer Katastrophe geworden ist, die evolutionär betrachtet aber eigentlich keine sein müsste?

An dieser Stelle möchte ich zu einem etwas ausführlichen Ausflug in die Vergangenheit einladen, denn da wird es ziemlich spannend. Den größten Teil der Menschheitsgeschichte war nämlich überhaupt nicht klar, dass ein Kind einen spezifischen Vater hat. Die Homo-sapiens-Frau ist diejenige unter den Primaten, die ihren Eisprung am effektivsten versteckt. Ein Homo-sapiens-Mann kann nur erahnen, dass er der Vater eines Kindes sein könnte, und das auch nur, wenn die Verbindung zwischen Geschlechtsverkehr, Zeugung und Schwangerschaft überhaupt bekannt ist (viele Völker sehen den Ursprung von Kindern nicht im Geschlechtsverkehr, sondern in Gesten, Göttern oder ähnlichen Vorstellungen).

Was ist dann mit der Geschichte, dass Frauen Sicherheit gegen Sex tauschen und Männer Sex gegen Sicherheit? Nun – es ist eine Geschichte. Auch dass eine Frau den besten Jäger verführen will, damit ihre Kinder das meiste Essen kriegen, ist ein Märchen: Jagd hatte oft nur einen sehr geringen Anteil an der Ernährung der Gruppe, auch wenn Fleisch sehr begehrt war. Sich mit diesen Motiven auf den besten Jäger einzulassen, wäre ohnehin kein Vorteil gewesen, da bei Jägern und Sammlern aus Gründen des Gruppenzusammenhaltes alles Fleisch gerecht in der Gruppe geteilt wird.

Aber wer hat dann die Kinder mit großgezogen und wer war für sie in Notzeiten zuständig?

Schauen wir mal unromantisch auf diese Frage und überlegen: »Wer weiß, dass seine Gene weitergegeben werden, wer hat also rein evolutionstechnisch ein Interesse an meinem Kind?«

(Ich gebe zu, dass es eine sehr evolutionäre Sichtweise ist, erlauben wir sie uns als Gedankenexperiment.)

Nehmen wir an, ein Kind heißt Anna. Lena, Annas Mutter, weiß, dass Anna ihre Tochter ist. Lenas Mutter weiß, dass Lena ihr Kind ist und dass Anna damit ihr Enkelkind ist. Es wissen also Oma, Mutter und gegebenenfalls blutsverwandte Tanten/Onkel sowie Großtanten/-onkel, dass dieses Kind ihre Gene trägt.

Die jeweils nicht blutsverwandten Partner hingegen (Annas Vater, Lenas Vater usw.) gehen zwar davon aus, dass das Kind ihre Gene trägt, aber sie wissen es nicht sicher. Um diese Unsicherheit – und damit die Unsicherheit, wer Besitztümer rechtmäßig erben darf – zu minimieren, hat man seinerzeit die Ehe erfunden. Sie schränkt die sexuelle Bewegungsfreiheit einer Frau so ein, dass ein Mann bezüglich seiner Nachkommen – relativ – sicher sein konnte. Aber natürlich nicht zu 100 Prozent.

Wer kann sich aber genetisch vollkommen sicher sein? Es sind die Frauen der weiblichen Linie. Sie haben die größte Sicherheit, wer ihre Gene weiterträgt und wer nicht. Matrilinear heißt das in der Forschung: In matrilinear organisierten Gruppen vererbt die weibliche Linie Besitz weiter, weil hier alle wissen, wer von wem abstammt.

Die Frauen der mütterlichen Linie sind es auch – so zeigen es Studien unter Völkern, die zum Beispiel unter Nahrungsknappheit leiden –, die am ehesten für die Kinder sorgen. Eine Frau, die ein Kind bekommt, zieht dort zu ihrer eigenen Mutter zurück (matrilokal). Großmütter spielen zudem in der Evolution eine sehr große Rolle, denn sie wissen, dass das Baby ihr Enkel ist, und sie haben noch ein halbes Leben vor sich, in dem sie kein eigenes Fortpflanzungsinteresse mehr haben. Sie sind daher große Stützen in allen stammesmäßig organisierten (tribalistischen) Völkern und es gibt Studien, die zeigen, dass die Nähe einer aktiven Großmutter dafür sorgt, dass Kinder sich körperlich und emotional besser entwickeln.

Und die Männer?

Großonkel, Onkel und Brüder der Mutter sind die männlichen Verwandten, die – evolutionär betrachtet – einem Kind am nächsten stehen und ein Interesse daran haben, dass ihre Gene überleben. Historisch waren das die Männer, die neben den verwandten Frauen in Notzeiten für die Kleine sorgten. »Blut ist dicker als Wasser«, sagt man.

Das heißt nicht, dass es keine monogamen Beziehungen in solchen Konstellationen gab, aber die Kinder hatten ein viel größeres Netz an Helfern. Väter können in jeder Kultur eine wichtige Rolle spielen und auch soziale Väter (also solche, die Kinder großziehen, die mit ihnen genetisch nicht verwandt sind) können für Kinder enorm wichtig, hilfreich und fördernd sein.

Aber eine Frau wäre in den vergangenen Jahrmillionen ein großes Risiko eingegangen, sich auf Gedeih und Verderb von einem einzelnen Mann abhängig zu machen. Denn vor allem dort, wo Großwild gejagt wurde, konnte er jederzeit verletzt werden oder sterben. Daher war ihr Rückhalt vor allem das eigene soziale Netz, die eigene Familie, nicht ein einzelner Mann.

Kommen wir zurück zu unserer Frage: Wenn Paare sich trennten oder jemand starb, dann brach diese Beziehung auseinander und das war tragisch. Aber es zerbrach nicht die ganze Welt der Kinder. Denn die wurden gemeinsam mit einer Familie, sozialen Vätern und einem Freundeskreis großgezogen, die mit kleineren Fluktuationen stets beständig blieben.

Und der Vater heute?

Das Konzept »genetischer Vater« wurde immer dann wichtig, wenn Besitz in einer Kultur wichtig wurde. Es ist ein Konzept, eine Idee, die Menschen wahrscheinlich erst seit der Neolithischen Revolution, dem Sesshaftwerden, kennen (und einige Völker bis heute nicht). Mit Besitz hatten Männer plötzlich ein Interesse daran, zu wissen, wer ihre Gene trug, um ihre Besitztümer nur an ihre eigenen Kinder zu vererben (patrilinear). Das setzte voraus, dass eine Frau vollkommen dem – tatsächlichen oder moralischen – Zugriff eines Mannes unterlag. Oft ging damit einher, dass die Frau nicht, wie vorher, mit ihren Kindern bei ihrer Familie lebte, sondern zur Familie des Mannes zog (patrilokal).

Heute sehen wir die Reste dieser Entwicklungen: Eine Frau mit Kindern lebt oft nur mit einem Mann zusammen, der mit ihr durch dick und dünn gehen muss und damit selbst auch eine enorme Last trägt, die eigentlich mal ein Dorf getragen hat. Beide sind voneinander abhängig, ihr Dorf ist enorm geschrumpft.

Der Effekt: Die Kinder haben als zweite, wichtige Bezugsperson oft vor allem ihren Papa. Wenn er weg ist, dann bricht in dieser Konstellation die Hälfte ihrer Welt zusammen.

Was also tun?

Wenn ich schreibe: »Es braucht ein Dorf«, dann meine ich auch das: Baut euch und euren Kindern ein soziales Netzwerk jenseits der Mutter-Vater-Kind-Linie auf. Das ist nicht unromantisch, im Gegenteil: Es entlastet eure romantische Beziehung, wenn euer Partner oder eure Partnerin nicht mehr das ganze Dorf ersetzen muss. Und es ist ein unschätzbarer Vorteil, wenn eine Beziehung schwierig wird. Denn dann haben die Kinder ein soziales System, das sie auffangen kann. Wenn ihr euch trennt und dieses Dorf noch nicht habt, baut es jetzt. Es ist die Lebensversicherung eurer Kinder.

Die Elternfrage
Schwierige Gefühle zeigen

Vor einem Jahr hat mich meine Partnerin verlassen und ich lebe nun mit unserer Tochter allein. Ich bemühe mich sehr, der Kleinen Halt und Sicherheit zu geben, aber oft geht es mir nicht gut. Darf mein Kind mitkriegen, dass ich wegen der Trennung und des Alleinseins traurig bin?

Nicolas Soforthilfe

Es gibt einen Grundsatz, den wir in der Kindererziehung stets beachten sollten: »Entspanne dich, aber kollabiere nicht.«

Wenn Eltern traurig sind, dürfen Kinder das ruhig wissen und auch sehen. Was Kinder nicht gut vertragen, sind Eltern, die kollabieren – die schreiend weinen, völlig außer sich sind, die nur noch im Bett liegen oder sich anderweitig nicht mehr im Griff haben, die sich völlig verlieren. Das kann für Kinder tatsächlich beängstigend sein, denn ein Elternteil, der so aus der Balance ist, ist für ein Kind kein sicherer Hafen mehr. Was Kinder dann oft machen, ist in Ersatzvornahme gehen: Sie trösten die Eltern, sind »brav«, kooperieren und nehmen sich zurück. Das ist für ihre Entwicklung aber nicht gut, es ist nicht ihre Aufgabe. Daher lautet die Antwort: Ja, die Kinder dürfen das mitkriegen, aber sie müssen weiterhin sicher sein können. Und sie sind kein Kummerkasten für ihre Eltern, niemals. Wenn die Kinder unsere Trauer mitbekommen, sollten wir immer klarmachen: »Ja, ich bin traurig, aber ich sorge für mich und hole mir Hilfe.«

Die Frage hinter der Frage

Wie viel Realität können Kinder aushalten?

Halten wir uns vor Augen, dass in einer »artgerechten« Situation die Eltern gar nicht in die Verlegenheit kämen, vor den Kindern die Fassung zu verlieren. Denn die Kinder hätten eine Menge andere Bezugspersonen, die sie versorgen würden, solange Mama oder Papa trauert. Und Mama oder Papa hätten ein ganzes Dorf, einen Frauen- und Männerkreis, der sie auffangen, sie halten und ihnen Raum für ihre Traurigkeit geben würde. Es gäbe keine Notwendigkeit und auch gar nicht unbedingt eine Situation, in der wir die Kinder versorgen müssten, obwohl wir dazu nicht die Kraft haben.

Kinder können oft mehr aushalten, als wir denken: Schwierige Gefühle sind nur ein Drama, wenn wir eines draus machen. Wir können den Kindern sagen, wie es uns geht, aber gleichzeitig vermitteln, dass diese Dinge vorbeigehen. Wir können ehrlich sagen: »Ich hab die Mama lieb und ich hätte gerne gehabt, dass wir zusammenleben. Das klappt jetzt nicht und ich muss mich erst daran gewöhnen.« Erwachsene müssen keine »immer ausgeglichenen Superhelden« (danke, Silke Foos!) sein, dann lernen Kinder schon früh, dass Gefühle auch mal durchgeweint werden – die Kinder machen das ja auch – und dann vorbeigehen. Wichtig ist und bleibt dabei aber: Nicht die Kinder trösten uns, sondern wir bitten andere darum. Und wir kollabieren nicht, sondern bleiben für die Kinder emotional verfügbar.

Was also tun?

Wir leben in einer Welt, in der Trauer wenig Platz hat. Vielleicht hilft es uns, einen Ort und Menschen zu finden, bei denen wir so richtig traurig sein können, während unsere Kinder gut versorgt sind. Das wird uns Kraft geben für den Alltag mit ihnen. Und dann können wir traurig sein und gleichzeitig so stark, wie unsere Kinder uns brauchen.

Die Elternfrage
Alleinerziehend und alles zu viel

Auch in der Partnerschaft habe ich mich mit den Kindern oft sehr angestrengt gefühlt, aber jetzt ist es wirklich noch mal viel mehr … Wie gehe ich damit um, dass nach der Trennung die Begleitung von zwei Kleinkindern über meine Kapazität geht?

Nicolas Soforthilfe

Wir müssen uns besonders nach der Trennung so viel Unterstützung holen wie möglich. Vor allem die Randzeiten – morgens und abends – sind oft ein Problem. Eigentlich müssten wir nach einer Trennung sofort zusätzliche staatliche Unterstützung bekommen, damit es alleine mit Kindern überhaupt machbar ist: eine Haushaltshilfe, Steuererleichterungen, Notfall-Betreuung, mehr Krankentage. Solange das nicht so ist, müssen wir uns selbst helfen und so viel Unterstützung organisieren wie möglich: Babysitter, Tageseltern, Haushaltshilfen über die Krankenkasse, Familienhilfe, Verwandte, Freunde etc.

Die Frage hinter der Frage

Wie können wir eine Gesellschaft bauen, die Trennungseltern optimal unterstützt? Wie können wir bis dahin für uns sorgen, ohne dass die Kinder darunter leiden?

Der erste Schritt ist aus meiner Sicht, dass Eltern zusammenhalten, ein Dorf bilden und gemeinsam durch diese Zeit gehen. Und damit meine ich möglichst auch die Trennungseltern, denn sie haben die Herausforderung ja beide und es gibt viele Wege, einander entgegenzukommen.

Was also tun?

Suchen wir uns Hilfe, helfen wir anderen Eltern, versuchen wir, die Trennung gemeinsam zu gestalten und es so für alle einfacher zu machen. Und wir dürfen uns entspannen, denn unsere Kinder können sich auch in einer Trennungs- oder Patchworksituation prächtig entwickeln.

Auf die Schnelle
Kompaktantworten rund um Trennung

Sind Kinder, die bei beiden Eltern aufwachsen, erfolgreicher?

Es gibt immer wieder Studien, die behaupten, dass Kinder von alleinerziehenden Müttern weniger gute Bildungsabschlüsse hätten oder größere Risiken für Verhaltensauffälligkeiten. Aber diese Zahlen können niemals ohne den Kontext der Familien gesehen werden: Auch Kinder in Zwei-Eltern-Familien haben diese Risiken und es ist kein monokausales Geschehen. Daher lautet die Antwort ganz klar: Nein. Damit Kinder erfolgreiche Erwachsene werden, müssen viele kleine Puzzleteile am richtigen Ort sein. Es gibt keinen einzelnen Aspekt des Lebens, der alles voraussagen könnte.

Wie gleiche ich als Alleinerziehende aus, dass der Papa-Kosmos im Haus fehlt?

Das ist eine wichtige und schöne Frage!

Zum einen ist ja interessant zu betrachten: Was ist der »Papa-Kosmos«? Denn bei manchen Paaren ist vielleicht der Papa derjenige gewesen, der gekocht hat, der ordentlich war. Oder war er eher der sportliche, der Outdoor-Mensch oder der Museumsgänger? Wir müssen also hinschauen, was dem Kind an

Input jetzt fehlt, den der Partner oder die jetzt fehlende Partnerin gegeben hatte. Und wenn uns das klar ist, dann können wir diese Perspektiven auf andere Menschen unseres Dorfes verlagern. Wir können das Kind in einen Sportverein bringen oder die Oma mit dem Kind in Museen gehen lassen. Vielleicht kommt unser alter Lieblingskollege vorbei und kocht mit uns allen etwas, das wir allein nie kochen würden, oder unsere beste Freundin räumt mit dem Kind mal sein Zimmer so richtig ordentlich auf? Und ehrlich gesagt ist das selbst dann eine schöne Idee, wenn kein Elternteil fehlt, denn ein Dorf ist immer eine große Bereicherung durch die vielen Kenntnisse, Leidenschaften und Perspektiven, die die Menschen in unsere Leben bringen.

Wie kann ich meinem Kind den Wechsel erleichtern – es ist nach dem Wochenende bei Papa oft sehr angespannt.

Vielen Kindern fällt es sehr schwer, sich nach einem Wechsel vom einen zum anderen Elternteil wieder einzufinden. Wir können es den Kindern leichter machen, indem wir:

- wenig Programm haben,
- dem Kind sehr viel entgegenkommen (es morgens anziehen, sein Lieblingsessen kochen) und wenig Druck ausüben,
- für regelmäßiges Essen und Schlafen sorgen,
- für eine frühzeitige Übergabe sorgen, sodass das Kind noch »runterkommen« kann, bevor es am Sonntagabend auf die Startbahn für die nächste Woche geht,
- etwas tun, das dem Kind hilft, sich zu entspannen: draußen spielen, Körperkontakt und kuscheln, vorlesen, gemeinsame Zeit verbringen,
- dem Kind die Möglichkeit geben, bei Bedarf zu weinen, zu

wüten und zu schimpfen, um den angestauten Druck des Wechsels loslassen zu können,
- das Kind von seinem Wochenende erzählen lassen, ohne zu bewerten, und uns einfach nur anhören, was es zu sagen hat.

Insgesamt sollten getrennte Eltern immer gemeinsam schauen, wie es für ihr Kind am besten ist, aber selbst wenn das nicht möglich ist, können wir auf unserer Seite viel für das Kind tun.

Immer artgerecht: Unterstützung holen

Nach aktueller Studienlage sind heutige Eltern überdurchschnittlich stark gestresst durch die vielen unterschiedlichen Anforderungen, die ihr Alltag an sie stellt. Kein Wunder: Wir sind eine kooperativ aufziehende Art. Wir waren nie dafür gemacht, unsere Kinder den größten Teil des Tages alleine zu versorgen oder erschöpft nach einem herausfordernden Arbeitstag einen schreienden Säugling in die Arme gedrückt zu bekommen. Als Eltern in der Kleinfamilie allein oder zu zweit für ein oder mehrere Kinder verantwortlich zu sein, ist keine artgerechte Situation. Was also haben wir zur Verfügung, um uns das Familienleben zu erleichtern? Wie können wir uns helfen lassen?

Viele von uns haben schon in der eigenen Kindheit gelernt, dass es ein Zeichen von Schwäche ist, Hilfe zu brauchen. Viele sind in solchen Momenten von den eigenen Eltern oder anderen bedeutsamen Erwachsenen beschämt worden: »Du kriegst ja gar nichts hin!« Oder beschwichtigt worden: »Das ist doch wirklich nicht so schlimm, stell dich nicht so an, mach kein Theater!« Beschämung ist ein sehr unangenehmes Gefühl und das Erleben von »Das schaffe ich nicht allein« ist für viele Menschen ganz stark damit verknüpft. Darum neigen wir Erwachsenen häufig dazu, andere mit unserer Bitte um Hilfe nicht belästigen und alles allein hinkriegen zu wollen. Oft bleibt uns unter modernen Lebensbedingungen auch gar nicht viel anderes übrig. Zumindest auf den ersten Blick.

Doch es ist unsere Entscheidung, ob wir diese Situation auf

die Dauer so hinnehmen. Oder ob wir unseren Kindern ein Vorbild darin sein wollen, authentisch zu sein und zu zeigen, wenn wir nicht alles schaffen und uns Hilfe wünschen. Wir können über unseren Schatten springen, mit uns selbst freundlich sein und das Risiko eingehen, uns Unterstützung zu suchen. Auch wenn das manchmal schwer ist: Es lohnt sich. Für uns und für unsere Kinder.

Die Elternfrage
Ich fühle mich alleingelassen

Hast du Tipps, wenn ich nicht alleinerziehend bin, mich aber trotz Partnerschaft so fühle? Selbst wenn mein Mann zu Hause ist, bleibt irgendwie alles an mir hängen. Er scheint zu glauben, weil ich Teilzeit arbeite und den Nachmittag mit den Kindern verbringe, könnte ich in der Zeit wuppen, das Leben von vier Menschen allein zu organisieren.

Nicolas Soforthilfe

Sprecht miteinander. Darüber, wie ihr euch eure Leben vorstellt. Sprecht darüber, was es mit euch macht, wie es sich anfühlt, was ihr euch wünscht – nicht darüber, wer schuld an der Situation ist. Vermeidet dabei die apokalyptischen Reiter jeder Beziehung (siehe auch die Elternfrage *Fürsorge oder schon Helikoptern?*).

Die apokalyptischen Reiter – in der Bibel waren es ursprünglich vier – hat der Liebesforscher John Gottman in seinem »Ehelabor« an der Universität von Washington in Seattle entdeckt. Er beobachtete Paare bei Auseinandersetzungen. Anschließend blieb er mit ihnen in Kontakt, um sich immer wieder nach ihrer Ehe zu erkundigen. Es zeigte sich: Diejenigen, die später unglücklich waren oder sich scheiden ließen, hatten schon beim Streit Jahre zuvor fatale Verhaltensweisen an den Tag gelegt. Gottman taufte diese Beziehungskiller die »Apokalyptischen Reiter«.

Verblüfft stellte er fest, dass sich mit ihrer Hilfe das Schicksal einer Ehe mit geradezu mathematischer Präzision vorhersagen lässt. 10 bis 15 Minuten Streit reichen dem Gefühlsgeometriker, und er kann vorhersagen, welches Paar zusammenbleibt und welches sich trennen wird – Trefferquote: annähernd 90 Prozent.

Nachdem sie also ziemlich zentral für die Frage scheinen, ob ein Konflikt gelöst werden kann und ob es zum Beispiel gelingt, die Belastungen in einer Beziehung besser zu verteilen, sehen wir uns die fünf Faktoren noch einmal genauer an.

1. Kritik.

Kritik könnte sich so anhören: »Immer lässt du alles rumliegen, du bist so was von faul!« Wir formulieren besser eine sachliche Information zu einer konkreten Situation: »Es stört mich, dass deine schmutzigen Socken auf dem Küchentisch herumliegen. Kannst du die bitte jetzt wegräumen?«

2. Verteidigung.

Auf Kritik reagieren viele Menschen mit einer Rechtfertigung: »Ja, aber ich arbeite den ganzen Tag und hab nicht die Zeit, ständig aufzuräumen.« Die Verteidigung ist zwar verständlich, aber sie ist unproduktiv, weil sie den Streit eskalieren lässt.

Wir reagieren besser empathisch: »Ich sehe deinen Punkt, ich kann das verstehen. Ich bin abends so müde, lass uns mal überlegen, ob wir den Wäschekorb woanders hinstellen.«

3. **Verachtung.**
Diese krasse Form der Kritik zielt nicht darauf ab, das Verhalten des anderen zu verändern, sondern nur darauf, zu verletzen: »Na toll, kein Wunder, dass du keine Freunde hast, so egozentrisch wie du bist!«

Wir tun besser daran, die Situation zu deeskalieren und nicht auf Provokationen oder Verletzungen einzugehen, indem wir zum Beispiel sagen: »Ich sehe, dass du verärgert bist. Lass uns herausfinden, was dich verletzt und was wir beide brauchen, damit wir eine Lösung finden können.«

4. **Rückzug.**
»Mauern« ist ein anderes Wort für dieses weit verbreitete Problem. Einfach weggucken. Nicht mehr reagieren. Aufstehen und den Raum verlassen.

Wenn es passiert ist, können wir später oder am nächsten Tag wieder aufeinander zugehen: »Ich habe noch mal über unseren Streit nachgedacht und ich würde gerne noch mal in Ruhe mit dir sprechen und sehen, wie wir aufeinander zugehen können …«

5. **Machtdemonstration.**
Der Wissenschaftsjournalist Bas Kast hat diesen fünften Reiter ausfindig gemacht. Machtdemonstration könnte so daherkommen: »Ich kann meine Socken liegen lassen, wo ich will. Ich zahl hier ja die Miete.«

Dies ist eine Kampfansage, die wir unbedingt vermeiden sollten. Wenn wir diesen Impuls haben, lohnt es sich, mit einem Dritten darüber zu sprechen. In der Situation hilft es auch, unser Gefühl offenzulegen: »Ich bin so verärgert, ich will dich eigentlich nur noch zurückärgern und dann aus dem Kontakt gehen. Aber ich würde so gerne wieder friedlichen Kontakt mit dir aufnehmen.«

Wenn wir so aufeinander zugehen, haben wir eine große Chance, beieinander anzukommen.

Die Frage hinter der Frage

Was steckt wirklich dahinter? Welche Hilfe brauchen wir?

Wenn ein Partner sich nicht mehr in die Familie einbringt, kann das viele, viele Gründe haben. Es kann sein, dass er oder sie gar keine Kinder wollte, dass er oder sie überfordert ist, keinen Kontakt mehr zum anderen Elternteil findet, zu viel Stress im Außen hat, sogar eine psychische Erkrankung wie eine Depression kann dahinterstecken. Es lohnt sich also, hinzusehen und sich auch einen Blick von außen zu holen. Menschen sind eine kooperativ aufziehende Art, es gibt immer Probleme, die man am besten mit anderen zusammen löst.

Was also tun?

Wir müssen mit den Menschen um uns herum in Kontakt kommen und bleiben. Es ist der einzige Weg zu ihren und unseren Herzen.

Die Elternfrage
»Zeit zum Dorfbauen«

Mir ist sehr klar, dass ich Unterstützung bräuchte. Nur: Wie schaffe ich mir einen Clan, ein Dorf, wenn ich als Alleinerziehende sowieso total unter Druck bin und einfach keine Zeit habe?

Nicolas Soforthilfe

Die schlechte Nachricht ist: Ohne Energie geht es nicht. Das Dorf klopft nicht an unsere Tür und fragt, ob wir mitspielen wollen. Die gute Nachricht ist: Es ist nicht so schwer, wie man meinen könnte, und es gibt uns ungeahnte Energie, wenn wir Kontakt zu positiven Menschen haben.

Hier die wichtigsten Schritte:

- Finde die offiziellen Systeme: Vereine, Versammlung, Elternabende, Whatsapp-Gruppen, in denen sich Menschen um dich herum organisieren.
- Sei da: Komm früher, bleib ein wenig länger, sei vorbereitet.
- Hilf mit: Biete Hilfe an, die dir leichtfällt. Du kannst gut schreiben? Schreib das Protokoll! Du kannst recherchieren? Finde etwas heraus! Du kannst programmieren? Kümmere dich um die Website! Räume mit auf, baue mit auf, kümmere dich auch unaufgefordert.
- Esst gemeinsam: Verschenke Essen, backe Plätzchen und Kuchen, bring zum Waldspaziergang Kakao und Rohkost für alle mit – essen verbindet.
- Bau eine Gemeinschaft: Entwickelt zusammen Ideen, habt ein gemeinsames Ziel, erreicht etwas gemeinsam.
- Etabliere Bindung: Höre mehr zu, als du erzählst, nimm den anderen immer ernst, frage nach, sei ganz da.
- Frage um Hilfe: Fang damit an, mitzudenken und Hilfe anzubieten, und dann frage um kleine, begrenzte Dinge (fünf Minuten Zeit, eine Adresse, einen Tipp für gebrauchte Kinderklamotten) – und erwidere den Gefallen zeitnah.
- Wenn dir die Kultur noch nicht vertraut ist: Finde eine Person, der du vertraust, die dir die sozialen Codes erklärt, die dich mitnimmt, und halte dich erst einmal eher im Hintergrund, bis du verstanden hast, wie die ungeschriebenen sozialen Regeln sind.

- Sorge für dich: Finde Wege, mit dir selbst, mit Kontakten und Menschen klarzukommen. Du brauchst Kraft für den Prozess, hol dir ggf. professionelle Hilfe, wenn du strauchelst.
- Wenn das alles für dich nicht geht – finde andere Möglichkeiten: Vielleicht ist ein »Dorf« jetzt nicht der richtige Weg, sondern du brauchst erst etwas anderes.

Wenn du dich gar nicht stabilisieren, einbringen oder öffnen kannst, wenn du überhaupt keine Energie und Kraft hast, dann lasse dich von Profis oder vom medizinischen Fachpersonal beraten. Es könnte mehr als nur »unter Druck sein« dahinterliegen. Ein Burn-out oder eine Erschöpfungsdepression sind bei Eltern nicht ungewöhnlich, da hilft kein Dorf, sondern in erster Linie professionelle Unterstützung.

Die Frage hinter der Frage

Können wir das noch mit dem Dorf?

Wir sind oft so erschöpft, dass wir kaum noch die Kraft haben, und träumen davon, dass uns einfach jemand hilft. Aber wenn dann jemand da ist, dann fällt es uns manchmal gar nicht so leicht, Hilfe anzunehmen und angemessen zu erwidern (vor allem, wenn wir sehr bedürftig und erschöpft sind). Es gibt kein »perfektes Dorf«, menschliche Interaktionen sind wunderbar, chaotisch, unvorhersehbar und oft auch herausfordernd.

Wir brauchen also Toleranz, denn es geht nicht darum, in allem dieselben Ansichten zu haben. Es geht darum, Menschen zu finden, die uns Wärme geben, die ähnliche Ziele haben, die unsere Sprache sprechen – die Sprache unseres Herzens. Und Vertrauen bildet sich durch Zeit und Interaktion, wir werden also in unser soziales Netz investieren müssen, anders geht es nicht.

Was also tun?

Jeden Tag ein bisschen. Gehen wir kleine Schritte, die wir bewältigen können, – das fängt damit an, dass wir unsere Nachbarn bewusst grüßen und ihre Blumen gießen, wenn sie im Urlaub sind.

Die Elternfrage
Wie überlebt man das?

Wie schaffe ich es, dass mich die Verantwortung nicht erdrückt und ich selbst nicht hintenüberfalle? Unter all diesen Pflichten – Kind, Job, Haushalt, Einkauf etc. –, die mich von morgens 6:30 bis abends 21:00 beschäftigt halten, geht mir regelmäßig die Puste aus und ich fühle mich einfach nur noch erschöpft.

Nicolas Soforthilfe

Wenn wir Angst haben, von Verantwortung erdrückt zu werden, gibt es sehr klare Wege, um unser Gehirn wieder auf eine positive Spur zu bringen:

- Wir müssen uns tatsächlich um uns kümmern – ohne Handy auf die Toilette, früh ins Bett und weg mit dem Zucker!
- Wir können uns eine Liste schreiben: Was ängstigt mich? Was überwältigt mich? Was davon kann ich schon frühzeitig abfangen, absagen, an andere weitergeben?
- Wir entschuldigen uns nicht – weder vor anderen dafür, dass wir nicht perfekt sind (wir müssen nämlich nicht perfekt sein),

noch beruhigen wir uns selbst mit der immerwährenden Ausrede, unser Leben sei ja wirklich besonders schwer, sondern wir machen das Beste aus dem, was wir haben.

- Wir sind sehr, sehr achtsam mit unseren Ressourcen (»Nein, ich kann diesen Auftrag leider nicht übernehmen.«) und unseren Grenzen (»Sorry, aber ich kann nicht jede Woche zwei Stunden Beziehungsberatung bei meinem besten Freund machen, ich ziehe zwei Kinder groß.«).
- Wir checken unsere Rollen – oft stecken wir zum Beispiel gegenüber unserer Familie in alten, nicht mehr passenden Rollen fest. Muss ich meine Eltern jeden Samstag anrufen, obwohl es mich stresst? Muss ich meinen Freunden gegenüber eine Rolle übernehmen, für die ich keine Kraft habe? Wir prüfen immer wieder, wenn wir gestresst sind, ob wir dort sind, wo wir hingehören.

Wir holen uns die Kontrolle zurück: Wir planen, teilen große Aufgaben in kleine Projekte, befreien unseren Kopf, indem wir Listen schreiben und abhaken, vereinfachen unseren Einkauf, unseren Kleiderschrank, unseren Haushalt und unseren Alltag, lassen uns von Rhythmen und Routinen die Denkarbeit abnehmen (jeden Freitag gibts Milchreis mit Obst) und lernen so, uns mehr Freiraum zu schaffen, den wir mit Atmen am offenen Fenster verbringen und nicht mit Keks im Mund und Headset im Ohr.

- Wir leben nach der Pareto-Regel, die besagt, dass wir mit 80 Prozent des Aufwandes oft nur 20 Prozent der Ergebnisse erzielen, mit 20 Prozent gezielter Aktion aber 80 Prozent des Ergebnisses. Wir fokussieren uns also gezielt auf Dinge, die uns das Leben wirklich einfacher machen. Was auch immer wir jetzt tun, wir fragen uns, wie groß der Aufwand für einen Erfolg hier sein wird und inwiefern es vielleicht etwas anderes zu tun gibt, das uns mit weniger Aufwand zu gleichem oder sogar mehr Erfolg verhilft.

- Wir denken positiv, hängen uns bestärkende Affirmationen an alle Wände und übernehmen Verantwortung für unser Gehirn, damit es uns mit netten, hilfreichen, angenehmen Selbstgesprächen versorgen kann. Wir bringen den inneren Kritiker freundlich zum Schweigen.
- Wir stärken unser Selbstvertrauen, indem wir uns bewusst mehr bewegen, neue Dinge lernen, uns kleine Erfolge vor Augen führen und uns mit positiven Menschen umgeben, die uns guttun.
- Wir sorgen dafür, dass unsere eigenen emotionalen Bedürfnisse nicht zu kurz kommen: Kuscheln mit der besten Freundin oder den Kindern, sich ausweinen bei einer vertrauten Person, eine Stunde Thai-Massage … Was immer uns das Gefühl gibt, umsorgt und gehalten zu sein, muss regelmäßig auf dem Programm stehen.

Die Frage hinter der Frage

Darf ich mich an die erste Stelle setzen? Darf ich Geld ausgeben und Zeit damit verbringen, mich um mich selbst zu kümmern?

Darf ich zu meinem Kind sagen: »Ich schaffe das gerade nicht, ich brauche jetzt Ruhe«? Bin ich eine schlechte Mutter oder ein schlechter Vater, weil ich statt Pausenbrot Kekse mitgebe, den Elternzettel erst am allerletzten Tag abgebe, die Milch oder den Toast ausgehen lasse und keine selbst gebackenen Muffins anzubieten habe, wenn Freunde meiner Kinder kommen?

Nein, sind wir nicht. Wir sind die besten Eltern, die dieses Kind hat. Und wir sind wichtig für dieses Kind – wichtiger als der Toast und die Muffins. Wenn wir emotional zugänglich, zugewandt und liebevoll sind, dann ist das eine Grundlage fürs Leben.

Was also tun?

Wir akzeptieren die Verantwortung und priorisieren sie: Wir selbst und die Kinder sind das Wichtigste. Einkaufen ist wichtig, damit wir zu essen haben. Im Job kann ich schon deutlich mehr Grenzen ziehen. Putzen – okay, vergiss es.

Schritt für Schritt lernen wir, Menschen zu vertrauen, uns ihnen anzuvertrauen und uns helfen zu lassen, auch im professionellen Bereich. Denn wir müssen und wir können lernen, unseren Perfektionismus zu überwinden und unsere Unvollkommenheit zu akzeptieren. Ja, es sind viele Dinge zu tun, ja, wir werden manche nicht so gut machen, andere gar nicht, aber nein: Die Welt wird nicht untergehen. Und dann ziehen wir los und haben wieder Platz – Platz für unser inneres Kind und Platz für unsere eigenen Kinder, die uns vielleicht gerade jetzt ein großes Geschenk machen, wenn wir die Welt wieder ein bisschen mehr mit ihren Augen sehen können.

Dann haben wir wieder Raum in unserem Herzen, zu sehen, was ist: Dass Kinder ein Geschenk sind und Elternsein der wichtigste Job der Welt.

Ein großes Dankeschön!

Für dieses Buch möchte ich zuerst allen Eltern danken, die mir ihre Fragen gestellt haben. Sie haben mir – und allen anderen – damit ein großes Geschenk gemacht, sich geöffnet und etwas von ihrem Alltag preisgegeben.

Danke, dass Sie es möglich machen, diese Themen (die alle haben!) sichtbar zu machen und anzuschauen. Danke für das Vertrauen, für die Liebe, mit der Sie täglich Ihre Kinder begleiten, und den Willen, immer wieder neu auf Kindheit zu schauen.

Ich danke außerdem Sigrid Fortkord und Annegret Augustin, die die Idee zu einem Fragenbuch zugelassen, mitgetragen und mit mir entwickelt haben. Danke für den Mut, die Kreativität und das Vertrauen, dass es gut wird.

Ich danke von ganzem Herzen meiner lieben Weggefährtin und Lektorin Silke Foos, die trotz anderer Verpflichtungen bereit war, auch dieses Mal wieder das Lektorat zu übernehmen. Ohne ihre ordnende Kraft, ihren stets gut kehrenden Klischeebesen und ihre klugen Anmerkungen wäre das Buch nicht das, was es jetzt ist. Und ich wäre nur eine halb so glückliche Autorin ohne ihre Geduld und ihre immer aufmunternden Mails während des Schreibprozesses.

Ebenfalls nicht möglich wäre so ein Buch ohne das Dorf, das es braucht, um Kinder großzuziehen: Ich danke mit meinem eigenen glücklichen Kinderherzen meinen Eltern, die ohne zu zögern weite Wege auf sich nehmen, um während meiner Schreibphasen immer mal wieder meine Kinder zu hüten. Ich danke Jelena Weber, Anna Hofer und dem ganzen Team vom artgerecht-Projekt, das in meinen Buch-Schreib-Zeiten kommentarlos den Laden ohne mich schmeißt. Ich danke meinen Kindern, die mittlerweile so groß sind, dass sie mir Tee kochen, die Katzen füttern und tatsächlich selbstständig ihre Hausaufgaben erledigen, wenn Mama mal wieder am Mac hängt und »nur noch schnell dieses Kapitel!« fertig machen will.

Egal, wie beunruhigend die Welt manchmal aussehen mag: Ich bin sicher, dass alles gut wird. Danke, dass Sie dabei sind.

Ihre Nicola

Literatur und Quellen

Was ist artgerecht?

LeVine, R.A., Dixon, S., LeVine, S., Richman, A., Leiderman, P.H., Keefer, C.H., & Brazelton, T.B., *Child care and culture: Lessons from Africa.* Cambridge University Press 1994 https://doi.org/10.1017/CBO9780511720321, abgerufen am 07.05.2022

Herbert Renz-Polster, *Erziehung prägt Gesinnung. Wie der weltweite Rechtsruck entstehen konnte – und wie wir ihn aufhalten können*, Kösel-Verlag 2019

»Intuition: Die erstaunliche Kraft der Gefühle«. GEO WISSEN 64/2019 *Die Kunst der guten Wahl.* G+J Medien GmbH, Hamburg 2019

Nicola Schmidt, *artgerecht – Das andere Babybuch.* Kösel-Verlag 2021

Mein artgerecht-Blick auf die Geburt

Fabienne Becker-Stoll, persönliches Interview im März 2022 per Zoom

L. Hoffmann, R. Banse, »Psychological aspects of childbirth: Evidence for a birth-related mindset«. *European Journal of Social Psychology* 2021;51: pp.124–151

L. Hoffmann, N. Hilger, R. Banse, »The psychology of childbirth: mindset predicts birth outcomes, and the birth experience short- and long-term psychological well-being«, *Manuscript submitted for publication, Department of Psychology*, University of Bonn 2020

R. G. Barr, M. Konner, R. Bakeman und L. Adamson, »Crying in !Kung San infants: a test of the cultural specificity hypothesis«, Developmental Medicine & Child Neurology 33 (7) 1991, pp. 601–610

Mein artgerecht-Blick auf Säuglinge

Fabienne Becker-Stoll, Kathrin Beckh, Julia Berkic, *Bindung – eine sichere Basis fürs Leben. Das große Elternbuch für die ersten 6 Jahre.* Kösel-Verlag 2018

Norbert Haas et al., *Wissenschaftliche Bewertung osteopathischer Verfahren.* In: Deutsches Ärzteblatt. Band 106, Nr. 46. Deutscher Ärzte-Verlag, 13. November 2009, S. A-2325/B-1997/C-1941

Wendy Middlemiss et al., »Asynchrony of mother-infant hypothalamic-pituitary-adrenal axis activity following extinction of infant crying responses induced during the transition to sleep«, *Early Human Development, Volume 88, Issue 4*, 2012, pp. 227–232

Nicola Schmidt, *artgerecht – Das andere Babybuch.* Kösel-Verlag 2021

Nicola Schmidt, *artgerecht – Das andere Kleinkinderbuch.* Kösel-Verlag 2018

Nicola Schmidt, *Der Elternkompass. Was ist wirklich gut für mein Kind? Alle wissenschaftlichen Studien ausgewertet*. GU 2020

Daniel Stern, *Tagebuch eines Säuglings. Was ein Kind sieht, spürt, fühlt und denkt.* Piper 2011

Mein artgerecht-Blick auf Alltag und Betreuung

National Institute of Child Health and Human Development (NICHD): *Mother-child interaction and cognitive outcomes associated with early child care: Results of the NICHD Study.* Poster-Symposium presented at the Biennial Meeting of the Society for Research in Child Development (62nd, Washington, DC,

April 3-6, 1997) https://files.eric.ed.gov/fulltext/ED407149.pdf, abgerufen am 07.05.2022

Herbert Renz-Polster, *Kinder verstehen. Born to be wild: Wie die Evolution unsere Kinder prägt.* Kösel-Verlag 2021

Sarah Bluffer Hrdy, *Mutter Natur. Die weibliche Seele der Evolution*, Berlin Verlag 2000, S. 476

Mein artgerecht-Blick auf Kleinkinder

Thirunavukkarasu Arun Babu, »Infantile masturbation: Pitfalls in diagnosis and possible solutions«. *Indian J Psychiatry*. 2012; 54(4):393. doi:10.4103/0019-5545.104847, abgerufen am 07.05.2022

Jennifer Huizen, »How does masturbation affect the brain«, *Medical news today*, 27.10.2020, online: https://www.medicalnewstoday.com/articles/masturbation-effects-on-brain#negative-effects, abgerufen am 07.05.2022

Meizner I., »Sonographic observation of in utero fetal ›masturbation‹«, *J Ultrasound Med.* 1987 Feb;6(2):111. doi: 10.7863/jum.1987.6.2.111., abgerufen am 07.05.2022

Jesper Juul, *Essen kommen. Familientisch – Familienglück.* Beltz 2021

Alla Nechay et al., »Gratification disorder (›infantile masturbation‹): a review«, *Arch Dis Child*. 2004 Mar; 89(3):225–6.

Herbert Renz-Polster, *Kinder verstehen. Born to be wild: Wie die Evolution unsere Kinder prägt.* Kösel-Verlag 2021, S. 302

Nicola Schmidt, *artgerecht – Das andere Kleinkinderbuch.* Kösel-Verlag 2018

Daniel Siegel, Tina Payne Bryson, *Achtsame Kommunikation mit Kindern.* Arbor-Verlag 2015

Duane Buhrmester, Wyndol Furman, »Perceptions of Sibling Relationships during Middle Childhood and Adolescence«, *Child Development*, Volume 61, Issue 5, October 1990, S. 1387–1398

Dr. Laura Markham, *Peaceful Parent – Happy Siblings.* Penguin Books, 2015, S. 57

Mein artgerecht-Blick auf Grundschulkinder

Karl Lenz, Katharina Weinhold, Rüdiger Laskowski, *Leistungsfähigkeit schulischer Ganztagsangebote. Wechselseitige Verantwortung für Bildung, Erziehung und Betreuung im Spannungsfeld von Schule, Hort und Familie in Sachsen.* TU Dresden, Philosophische Fakultät Institut für Soziologie Lehrstuhl für Mikrosoziologie 2009, S. 43, online: https://tu-dresden.de/gsw/ew/iew/ewgp/ressourcen/dateien/professur/leistungsfaehigkeit_schulischer_ganztagsangebote?lang=de, abgerufen am 10.06.2022

Ilse Nilshon, »Hausaufgaben und selbständiges Lernen«. DJI Deutsches Jugendinstitut e.V., *Projekt. Lebenswelten als Lernwelten, Projektheft 1/99,* S. 3, online: https://www.ganztaegiglernen.de/media/Aktuell/77_projektheft1.pdf, abgerufen am 04.09.2020

Sarah Ockwell-Smith, *Between: A guide for parents of eight to thirteen-year-olds*. Piatkus 2021

Bernhard Wittmann, *Vom Sinn und Unsinn der Hausaufgaben. Empirische Untersuchungen über ihre Durchführung und ihren Nutzen*. Luchterhand Verlag 1970, S. 37

Bas Kast, *Liebe und wie sich Leidenschaft erklärt.* Fischer Taschenbuch 2016

John Gottman, *Why Marriages Succeed or Fail: And How You Can Make Yours Last.* Simon & Schuster 1995

Rumi (Jalal al-Din Muhammad Rumi): »Between wrongness and rightness there is a field. I will meet you there.« Eigene Übersetzung aus der englischen Fassung nach Coleman Barks, *The Essential Rumi – Reissue: New Expanded Edition,* Harper Collins 2004.

Mein artgerecht-Blick auf Wut und Aggression

Rutger Bregman, *Im Grunde gut: Eine neue Geschichte der Menschheit,* Rowohlt 2020

Turner Goldsmith, »Effects of toy guns and airplanes on children's antisocial free play behavior«, *Journal of Experimental Child Psychology Volume 21, Issue 2*, April 1976, pp. 303–315, online: https://www.sciencedirect.com/science/article/pii/0022096576900448, abgerufen am 12.05.2022

Penny Holland, *We don't play with guns here.* Open University Press 2003

Penny Holland, zit. in: Muneeb Mobin, Society: *How bad are toy guns for Kids?,* DAWN daily news, Iss. 27.5.2018, online https://www.dawn.com/news/1410274, abgerufen am 12.06.2022

Jesper Juul, »Familientherapeut erklärt einen der größten Erziehungsfehler«, Focus-Gastbeitrag, https://www.focus.de/familie/erziehung-als-machtkampf-familientherapeut-jesper-juul-erklaert-einen-der-groessten-erziehungsfehler_id_24371796.html, abgerufen am 12.06.2022

Jesper Juul, *Leitwölfe sein: Liebevolle Führung in der Familie.* Beltz 2018

Nicola Schmidt, *Erziehen ohne Schimpfen. Alltagsstrategien für eine artgerechte Erziehung.* GU 2019

Nicola Schmidt, *Geschwister als Team: Ideen für eine starke Familie.* Kösel-Verlag 2018

Daniel Siegel, Tina Payne Bryson, *Achtsame Kommunikation mit Kindern.* Arbor-Verlag 2015

Michael Tomasello, *Mensch werden. Eine Theorie der Ontogenese.* Suhrkamp Verlag 2020

Jacinta Tynan, *Should kids be allowed to play with toy guns?* Daily Telegraph, 12.04.2016, online https://www.dailytelegraph.com.au/rendezview/should-kids-be-allowed-to-play-with-toy-guns/news-story/220f95a8090b3a8341acf69ccfab6686, abgerufen am 12.06.2022

Mein artgerecht-Blick auf Trennungsfamilien

Sarah Bluffer Hrdy, *Mutter Natur. Die weibliche Seite der Evolution.* Berlin Verlag 2000

Sarah Bluffer Hrdy, *Mütter und andere. Wie die Evolution uns zu sozialen Wesen gemacht hat.* Berlin Verlag 2009

Immer artgerecht: Unterstützung holen

Bujard, M., von den Driesch, E., Ruckdeschel, K., Laß, I., Thönnissen, C., Schumann, A., Schneider, N.F., *Belastungen von Kindern, Jugendlichen und Eltern in der Corona-Pandemie.* BiB.Bevölkerungs.Studien 2/2021, Bundesinstitut für Bevölkerungsforschung 2021

University of Rochester. »How chronic stress short-circuits parenting.« *ScienceDaily*, 9 December 2011

Forsa-Umfrage für die KKH Kaufmännische Krankenksase 2019: https://www.kkh.de/presse/pressemeldungen/eltern-unter-strom-wenn-der-alltag-an-der-seele-nagt, abgerufen am 08.07.2022

Frauke Suhr: *Eltern leiden unter Dauerstress.* https://de.statista.com/infografik/20250/umfrage-unter-eltern-zum-stress-im-alltag/, abgerufen am 08.07.2022

John Gottman, *Why Marriages Succeed or Fail: And How You Can Make Yours Last.* Simon & Schuster 1995

Bas Kast, *Liebe und wie sich Leidenschaft erklärt*. Fischer Taschenbuch 2016

Nicola Schmidt, *artgerecht – Das andere Kleinkinderbuch.* Kösel-Verlag 2018

artgerecht
Komm ins Dorf!